民营企业引才用才问题研究

李 鑫等 著

山东省社会科学规划研究项目人才发展专项"山东省民营企业引才用才问题研究及对策建议"（19CRCJ03）资助

科 学 出 版 社

北 京

内 容 简 介

基于我国经济从高速发展向高质量发展转变的大背景，本书对新时代背景下民营企业的引才用才策略进行设计和制度创新，同时对解决民营企业人才问题中的政府行为提出建议和对策，提升政府服务民营经济能力和水平，营造有利于民营企业吸引人才、使用人才从而实现高质量发展的良好环境。

本书利用问卷调查和现有统计数据，结合实地调研数据，对山东省民营企业引才用才状况与特点进行分析，并与先进省（市）进行比较，深入发掘山东省民营企业引才用才中存在的问题；在此基础上，结合民营企业引才用才典型案例，借鉴先进省（市）民营企业人才政策及优秀做法，从政府、社会、企业多元视角对新时代背景下山东省民营企业引才用才策略提出有针对性的建议。

本书适合企业家、人力资源管理专业人士、人才工作者等阅读、参考。

图书在版编目（CIP）数据

民营企业引才用才问题研究/李鑫等著. —北京：科学出版社，2022.5
ISBN 978-7-03-071492-3

Ⅰ. ①民… Ⅱ. ①李… Ⅲ. ①民营企业-人才管理-研究-中国 Ⅳ. ①F279.245

中国版本图书馆 CIP 数据核字（2022）第 026355 号

责任编辑：陶 璇 / 责任校对：刘 芳
责任印制：张 伟 / 封面设计：无极书装

科学出版社 出版
北京东黄城根北街 16 号
邮政编码：100717
http://www.sciencep.com

北京捷迅佳彩印刷有限公司 印刷
科学出版社发行 各地新华书店经销

*

2022 年 5 月第 一 版　开本：720×1000 B5
2022 年 5 月第一次印刷　印张：8 1/4
字数：167000

定价：98.00 元
（如有印装质量问题，我社负责调换）

作 者 简 介

　　李鑫，男，1980年生，山东龙口人，管理学博士，北京大学光华管理学院应用经济学博士后，现为山东财经大学黄河商学院院长助理、齐鲁企业发展研究院常务副院长，兼任中国企业评价协会理事等。

　　在《中国工业经济》《管理工程学报》《科学学与科学技术管理》《经济与管理研究》《改革》等学术期刊上发表专业论文30余篇。作为项目负责人，主持中国博士后科学基金、教育部人文社会科学研究项目、全国统计科学研究项目、山东省社会科学规划研究项目、山东省博士后创新项目、山东省高等学校人文社会科学研究项目、山东省软科学研究计划项目等多项省部级课题。主要研究方向：企业管理、战略规划、宏观经济研究等。担任学术型研究生导师和MBA导师，长期坚持深入企业，有10年以上产业经济规划和大型企业管理咨询经验。

前　　言

　　2021年9月27~28日，中央人才工作会议在北京召开。中共中央总书记、国家主席、中央军委主席习近平出席会议并发表重要讲话，强调"坚持党管人才，坚持面向世界科技前沿、面向经济主战场、面向国家重大需求、面向人民生命健康，深入实施新时代人才强国战略，全方位培养、引进、用好人才，加快建设世界重要人才中心和创新高地，为2035年基本实现社会主义现代化提供人才支撑，为2050年全面建成社会主义现代化强国打好人才基础"[①]。

　　综合国力竞争说到底是人才竞争。人才是衡量一个国家综合国力的重要指标。国家发展靠人才，民族振兴靠人才。面对"百年未有之大变局"，要深化人才发展体制机制改革。要根据需要和实际向用人主体充分授权，发挥用人主体在人才培养、引进、使用中的积极作用。

　　民营经济是国民经济的重要组成部分，民营企业在我国经济发展过程中发挥着越来越重要的作用。民营经济在现阶段具有"五六七八九"的特征，如果说国有企业是支柱，那么，民营企业就是土壤。2018年10月20日，习近平总书记在给民营企业家的回信中说："民营经济的历史贡献不可磨灭，民营经济的地位作用不容置疑，任何否定、弱化民营经济的言论和做法都是错误的。"[②]2019年9月9日，中央全面深化改革委员会第十次会议审议通过了《中共中央　国务院关于营造更好发展环境支持民营企业改革发展的意见》。

　　在我国经济从高速发展向高质量发展转变中，民营企业也面临着"成长的烦恼"。根据对近百家民营企业的有效问卷调查，超过90%的企业把"引不来人才、留不住人才"作为"当前急需政府帮助解决的三个困难和问题"之一来看待。"现在企业最核心的竞争力是创新，最急需的资源是人才"成为民营企业家共同的心声。新时代，民营企业迈向高质量发展，需要人才工作提供更有效、更精准的人才服务，也需要营造更为公平的人才发展环境。

[①] 深入实施新时代人才强国战略　加快建设世界重要人才中心和创新高地. http://jhsjk.people.cn/article/32241069, 2021-09-29.

[②] 习近平：支持民营企业发展，是党中央的一贯方针，这一点丝毫不会动摇. 人民日报, 2018-10-21.

本书研究内容主要围绕以下问题展开。

1. 山东省民营企业人才引进状况分析

本书采取问卷调查、实地走访、网上收集、召开座谈会、查阅资料等方式，对山东省民营企业人才状况和引进情况进行调研。从调研和问卷调查情况看，民营企业高级技术人员比较少，懂技术、会管理的复合型人才缺乏，营销人才严重不足，技术熟练工也相对较少。人才问题已经成为影响山东省民营经济快速发展的关键因素，主要表现在：一是企业招工难度加大；二是企业人才层次较低、人才结构亟待优化；三是人才分布不均衡；四是人才队伍不稳定；五是产业结构与年轻人就业意愿不匹配。山东省的优势产业集中在资源开采和加工行业（如煤炭、化工、有色金属冶炼加工等），这种产业结构与当代年轻人就业倾向不相符，这也让山东省在现今的人才争夺中失去先机。从实践看，高端人才供给短缺已经成为制约产业新旧动能转换的重大瓶颈，如目前快速发展的云计算、大数据、人工智能、机器人等行业面临高层次复合型人才严重不足的制约，特别是大数据分析挖掘算法、大数据建模等高端人才更为缺乏。

2. 山东省民营企业人才使用状况分析

在人才使用方面，大部分民营企业对人才的培养意识不够，人才晋升路径及晋升标准不明确，人才流动频繁。调查显示，民营企业普通人员流失比例在20%左右，高级管理人员的流失比例在25%左右，调查发现，部分民营企业的人才流动率甚至高达70%。民营企业人才流失，一方面增大企业的运营成本，减弱员工队伍的凝聚力，降低企业的组织效率；另一方面造成企业资产流失，对相关商业和技术秘密保护带来风险。

3. 民营企业引才用才典型案例分析

选取山东省内外典型民营企业对其引才用才机制及其人才发展环境进行案例分析。在山东省外选取华为、利欧集团股份有限公司、海底捞、步步高教育电子有限公司、浙江新安化工集团股份有限公司等企业，在山东省内选取山东韩都衣舍电子商务有限公司的人力资源管理数字化转型案例进行深度分析。值得一提的是，本书在案例研究中高度关注数字化时代企业人力资源管理范式的变革：由管控型向赋能型转变。正如谷歌创始人拉里·佩奇所说："未来组织最重要的不是管理与激励，而是赋能。"赋能意指创造一个能够充分释放员工潜能的组织环境，激发个人的潜能。不仅仅是从外部赋予个体能力（enabling），更是激发能量（energizing），激发出个体内在的潜能。

赋能型组织是相对传统的科层制组织而言的。金字塔形的科层制组织以效率与成本为目标,以分工、协作、流程化、标准化为手段,以管控为核心。管控与赋能的本质是对人性中不同动机的挖掘与激励。组织管理必须做好管控与赋能之间的平衡。管控的优点是成本和效率,弱点是僵化和缓慢、缺少创新基因。赋能的优点是创新与应变,缺点是效率与成本。

4. 先进省(市)民营企业人才政策及优秀做法借鉴

几乎所有省(区、市)均推出了促进民营经济发展的相应政策,从减税降费、缓解融资难融资贵、增强民营企业竞争力、维护民营企业合法权益、优化营商环境和保障政策落实等角度给予民营企业支持。为促进创新转型,降低创新成本,多省(区、市)瞄准高层次人才打组合拳,包括为人才提供落户、住房、就医、子女入学、配偶就业、职称评聘、资金支持等方面的优惠政策。本书考察、归纳、总结、借鉴了先进省(市)民营企业人才政策及其优秀做法。

5. 山东省对民营企业现有人才政策梳理

"近年来,我们出台的支持民营经济发展的政策措施很多,但不少落实不好、效果不彰。"检视人才工作在服务民营经济发展方面存在的问题,确有许多已经出台的政策措施在具体落实过程中,仍然存在不同程度的"梗阻"现象,在平等使用包括人才在内的生产要素方面还有很大差距。

6. 山东省民营企业引才用才的对策与建议

在前面几部分研究基础上,根据产业转型升级和区域新旧动能转换要求,从政府、社会、企业三维视角提出山东省民营企业引才用才的对策与建议。

目 录

第1章 引言：民营企业高质量发展离不开人才 ············· 1
  1.1 宏观视角下的民营企业引才用才问题 ············· 1
  1.2 民营企业引才用才问题研究意义重大 ············· 2
  1.3 本书的研究思路和方法 ············· 4

第2章 民营企业人才问题研究回顾 ············· 5
  2.1 相关概念 ············· 5
  2.2 文献综述 ············· 6
  2.3 理论基础 ············· 10

第3章 民营企业的人才状况分析 ············· 13
  3.1 山东省民营企业状况 ············· 15
  3.2 山东省民营企业人才引进状况分析 ············· 20
  3.3 山东省民营企业人才使用状况分析 ············· 22
  3.4 山东省企业引才用才问卷分析 ············· 24
  3.5 民营企业引才用才典型案例分析 ············· 31

第4章 民营企业人才政策分析 ············· 44
  4.1 山东省对民营企业人才的政策分析汇总 ············· 44
  4.2 先进省（市）民营企业人才政策及优秀做法借鉴 ············· 55

第5章 数字经济时代的企业人力资源管理变革：从管控到赋能 ············· 65
  5.1 数字经济发展状况 ············· 65
  5.2 人力资源管理的数字化转型：从管控到赋能 ············· 73

第6章 山东省民营企业引才用才对策建议 ············· 100
  6.1 企业方面的对策建议 ············· 100
  6.2 政府方面的对策建议 ············· 104
  6.3 社会方面的对策建议 ············· 108

第 7 章　结语：山东如何进一步弘扬企业家精神 …………………… 110
参考文献 ………………………………………………………………… 116
附录 ……………………………………………………………………… 118
后记 ……………………………………………………………………… 121

第1章　引言：民营企业高质量发展离不开人才

1.1　宏观视角下的民营企业引才用才问题

2021年9月底，中央人才工作会议在北京召开。中共中央总书记、国家主席、中央军委主席习近平强调，"当前，我国进入了全面建设社会主义现代化国家、向第二个百年奋斗目标进军的新征程，我们比历史上任何时期都更加接近实现中华民族伟大复兴的宏伟目标，也比历史上任何时期都更加渴求人才"，"综合国力竞争说到底是人才竞争。人才是衡量一个国家综合国力的重要指标"，"要深化人才发展体制机制改革。要根据需要和实际向用人主体充分授权，发挥用人主体在人才培养、引进、使用中的积极作用"[1]。

民营经济是我国经济发展过程中的重要组成部分，民营企业在我国经济发展过程中具有重要的作用，主要表现在提供更多就业机会、提高国家税收及帮助经济平稳发展。习近平总书记在主持召开的民营企业座谈会上充分肯定了民营经济的重要地位和作用，强调"正确认识当前民营经济发展遇到的困难和问题"，"在我国经济发展进程中，我们要不断为民营经济营造更好发展环境，帮助民营经济解决发展中的困难"[2]，同时也对民营企业家在创业和创新过程中的奋斗精神给予一定的肯定，深刻体现了国家对民营企业发展的重视程度。

在当前民营企业的发展过程中，普遍存在着引进人才难和留住人才难的问题，山东省的民营企业也不例外。民营企业要想实现高质量的发展，必须高度重视人才问题，政府和民营企业应该提供更加有效、准确的人才服务及营造更加公平的

---

[1] 深入实施新时代人才强国战略 加快建设世界重要人才中心和创新高地. http://jhsjk.people.cn/article/32241069，2021-09-29.

[2] 习近平：在民营企业座谈会上的讲话. http://jhsjk.people.cn/article/30377329，2018-11-02.

人才发展环境。在山东省新旧动能转换的重要时期，解决民营企业引才用才问题有着举足轻重的作用。

1.2 民营企业引才用才问题研究意义重大

1.2.1 现实意义

在改革开放40多年的时间里，我国的民营经济从萌芽到发展再到现在的水平，成为推动我国经济社会发展的重要力量。民营经济在现阶段具有"五六七八九"的特征，即贡献了50%以上的税收，60%以上的国内生产总值，70%以上的技术创新成果，80%以上的城镇劳动就业，90%以上的企业数量[1]。但是我国民营企业也面临着"成长的烦恼"，普遍面临着"三山""三门""三荒""两高一低"——市场的冰山、融资的高山、转型的火山；市场准入门槛高如卷帘门、玻璃门、旋转门；企业面临用工荒、用钱荒、用地荒；成本高、税费高、利润低[2]。

人才缺乏成为困扰山东省民营企业新旧动能转换的重要因素。人才、资金、科技等是推动山东省新旧动能转换的重要推动力量，同时，人才、资金及技术等要素的缺乏成为新旧动能转换的阻碍因素。首先，在人才方面，高层次人才短缺是各企业面临的首要问题，如在当前高速发展的互联网时代，关于云计算、大数据及人工智能等方面的高层次人才严重缺乏，特别是目前各企业都普遍使用的大数据算法等方面人才由于需求量增多更为缺乏。其次，民营企业的技术创新水平不足，并且没有建立完善的创新机制，民营企业在科技创新方面的认识不足。最后，要素流动不畅影响资源优化配置。

民营企业当前的发展困境，反映的是我国经济从高速发展向高质量发展转变、获取发展新动能的阵痛。"发展中的问题要用发展来解决"，在我国经济发展进入质量变革、动力变革、效率变革新阶段后，民营企业必须要用更优的发展动力、更高的发展效率来实现创新型增长，最终还是要落在人才发展上。

---

[1] 习近平：在民营企业座谈会上的讲话. http://jhsjk.people.cn/article/30377329，2018-11-02.

[2] 唐卫彬 李鹏翔 徐海波. 民营企业的难点、痛点、堵点，就是我们工作的切入点——访湖北省委书记蒋超良. http://news.cnhubei.com/xw/zw/201811/t4195083.shtml，2018-11-28.

改革开放特别是党的十八大以来，党中央、国务院高度重视民营经济发展。2018年11月1日，习近平同志主持召开民营企业座谈会，他强调毫不动摇鼓励支持引导非公有制经济发展，并明确指示："我们要不断为民营经济营造更好发展环境，帮助民营经济解决发展中的困难，支持民营企业改革发展，变压力为动力，让民营经济创新源泉充分涌流，让民营经济创造活力充分迸发。"[1]2019年全国两会期间，习近平总书记在参加福建代表团审议时，再次强调，"要坚持'两个毫不动摇'，落实鼓励引导支持民营经济发展的各项政策措施，为各类所有制企业营造公平、透明、法治的发展环境"[2]。2019年9月9日，中央全面深化改革委员会第十次会议审议通过了《中共中央 国务院关于营造更好发展环境支持民营企业改革发展的意见》。

2018年9月《人民日报》的调查显示，在对近百家民营企业的调查中，人才问题较为突出，其中"引才难、留才难"是大部分企业面临的问题，也是这些企业希望政府能够帮助解决的问题[3]。"现在企业最核心的竞争力是创新，最急需的资源是人才"成为民营企业家共同的心声。民营企业人才方面的问题是多方面因素导致的，但是最根本的原因还是应该从企业自身来找，对于企业之外的其不能解决的问题则需要政府和社会多方面的帮助。

1.2.2 理论意义

人才是我国各类型企业发展最重要的资源，作为我国改革开放的生力军、体量发展最快的经济类型，民营企业对人才的渴求从未终结，对人才强企的探索也从未止步。几十年来，民营企业对人才发展的实践探索，也丰富了我国人才发展的理念。例如，最初萌发于民营企业寻求人才支持的"星期天工程师"，如今已经上升为柔性引才理念，指引着我国人才事业更为科学有效地发展。另外，营造公平开放的人才发展环境要解决好市场与政府之间的关系，在发挥民营企业自身作用的同时也要使政府的作用能够有效发挥。这对于人才理论也具有显著的研究意义。

---

[1] 习近平：在民营企业座谈会上的讲话. http://jhsjk.people.cn/article/30377329，2018-11-02.
[2] 习近平栗战书汪洋王沪宁赵乐际分别参加全国人大会议一些代表团审议. http://jhsjk.people.cn/article/30968112，2019-03-11.
[3] 田俊荣，赵展慧，王政，等. 制造业引才须综合施策——对三省六市100家企业的调查之二. 人民日报，2018-09-17.

1.3 本书的研究思路和方法

1.3.1 研究思路

本书按照提出问题（山东省民营企业发展的人才困境）—分析问题（山东省民营企业引才用才现状及其根源分析）—解决问题（高质量发展背景下顺应和促进新旧动能转换的山东省民营企业引才用才对策建议与配套机制）的基本思路展开。

1.3.2 研究方法

（1）比较研究法。将山东省与其他省（市）民营企业人才现状、特点及人才引进培养方面的相关政府配套政策进行比较借鉴。

（2）文献研究法。查阅国内外企业人才、创新、新旧动能转换、高质量发展、经济转型等相关研究文献，掌握最新研究动态，为课题研究奠定坚实的理论基础。

（3）问卷调查法。通过设计调查问卷并向山东省民营企业家发放调查问卷，来了解山东省民营企业引才用才现状及问题。

1.3.3 创新点

一是利用问卷调查和现有统计数据，结合实地调研数据，对山东省民营企业引才用才现状与特点进行分析，并与先进省（市）进行比较；在调查收集山东省民营企业人才基础数据基础上，对山东省民营企业人才现状及引才用才中存在的问题进行深入分析。

二是基于高质量发展要求，从政府、社会、企业多元视角对新时代背景下山东省民营企业引才用才策略进行设计和制度创新，促进区域新旧动能转换，同时对解决民营企业人才问题中的政府行为提出建议和对策，有利于提升政府服务民营经济的能力和水平。

第2章 民营企业人才问题研究回顾

2.1 相关概念

2.1.1 民营企业

民营企业的概念有狭义和广义之分。狭义的民营企业是指民间私人投资、民间私人经营、民间私人享受投资收益、民间私人承担经营风险等的法人经济实体；广义的民营企业是指所有的非国有独资企业。本书所指的民营企业是指没有国有资本的中国企业。

2.1.2 人才

人才是指受过一定的教育，其自身具备所学的专业知识或者能够熟练掌握一种专门技能，并且能够对社会发展产生一定贡献的人，人才是众多劳动者中素质较高的群体。

具体到企业中的人才，是指受过一定的教育，自身具备所学的专业知识或者能够熟练掌握一种专门技能，具备某个职位所要求的能力，并且能够对企业的发展产生一定推动作用的人。

企业中的人才主要包括四种，分别是经营人才、管理人才、技术人才和技能人才。经营人才主要是指企业内部各个部门的负责人；管理人才拥有丰富的知识和社会经验，能够很好地处理人际关系，并且具有很强的组织能力，能够准确了解下属的行为并且使下属的行为转向正确的方向，还能够积极调动下属的积极性去完成企业的目标；技术人才大多在工作现场或生产一线工作，能够熟练运用所掌握的技术促进新产品的研发等；技能人才一般具有很高的技能等级或者专业技术资格，大多工作在生产技能岗位。

2.2 文献综述

2.2.1 "选"才相关文献综述

对大量的"选才"相关文献进行阅读后发现，学者对选才的相关研究主要集中在两个方面：一是对现有企业的人才选聘状况及问题进行分析；二是对于新时代企业如何更好地选聘人才提出自己的建议。

虽然众多学者对企业在选才方面所存在问题的研究结论不一，但是也有相同之处，如在存在的问题中都提及了招聘方式及传统思想的影响等。除此之外，学者还有个人独特的见解，如李卓妮以大数据为背景对企业传统的选才方式及问题进行分析，指出企业在选人过程中存在缺乏人才储备计划、缺乏科学客观的招聘方式及缺乏合理的人才选拔方式等问题[1]；刘维秦主要对中小型企业的选人问题进行分析，指出中小企业在选人方面存在选人观念陈旧且投入不足、选人机制缺乏规范化和科学化等问题[2]；韦景瀚对企业选人机制中存在的问题进行分析，指出企业在选人方面的问题主要集中在管理领导等方面，如思想意识不足，主体责任、监督责任落实不到位，制度机制不完善，责任担当不够等[3]。

对于如何解决企业在选人方面的问题，各学者通过研究也提出了对应的策略，如李卓妮针对发现的问题指出企业应该运用大数据进行人才选择，首先需要管理层进行思维转变，其次需要实现人力资源管理（human resource management，HRM）的信息化并且定期进行数据挖掘，在招聘方面也需要引进专业的测评工具对人力进行辅助[1]；刘维秦认为中小企业在选人方面应该转变思路，企业要建立公正透明的人才引进与选拔机制，树立正确的人才观念为以后留住人才打好基础[2]；周申贵对企业的选人逻辑进行了详细论述，认为企业在选人时应该从个人、团队、组织、社会四个方面来考虑，在个人层面要考虑应聘者个人素质如何，在团队层面要考虑应聘者是否可以在团队中发挥个人能力，在组织层面要考虑应聘者能不能为企业所用，在社会层面主要考虑应聘者能不能为企业长期所用等，只有这样才能找到合适的人才[4]；高之良主要在民营企业如何选人的问题上进行分析，指出选人问题是民营企业面临的一大难题，因此他提出民营企业在选人方面应该遵循常识，也就是选择既人品好又业务好的人才，这样才会方便企业更好地使用和安排人才[5];韦景瀚针对其所发现的问题针对性地提出企业应该建立完善的用人机制,并且严格按照机制选准人、选对人[3];冯春艳对人力资源管理如何更好地"选、用、育、留"都提出了一定的建议,指出选人在人力资源管理中是第一步,也是至关重要的,企业应该在明确招聘需求的基础上选择合适的招聘方式确保最终的"人岗匹配"[6]。虽然对于解决企业选人方面的对策方法众多,但是大部分学者并没有联系现在所处的互联网时代并结合时代背景提出更加科学且符合实际的建议。

2.2.2 "育"才相关文献综述

对于企业如何培养人才的研究,通过阅读相关文献发现以往的研究主要集中在两个方面:一是企业内部培养人才;二是企业通过与高校合作共同培养企业所需要的人才。

学者对企业内部培养人才的研究中包括了对现有培养人才问题的分析及如何解决这些问题并更好地培养人才。在存在的问题方面,侯小春指出企业的人才培养制度中存在着员工福利待遇差,员工在工作中的新鲜感创造力逐渐降低,以及员工学习观念缺失等问题[7];王有寰对企业在培养人才方面的问题进行分析,指出企业人才培养的一些问题出现的主要原因是企业内训不到位,主要体现在外部师资不能解决内部问题、内部师资培训不系统不完善及企业在思想认识上存在误区等[8]。关于如何解决企业在培养人才方面的问题,学者通过一系列研究也指出了不同的对策,侯小春针对发现的问题指出企业应该提高员工福利、让员工实行轮岗制并且经常组织培训或比赛等激发员工的工作热情[7];余志对人才梯队建设进行了相关探讨,指出人才梯队建设在企业发展中的重要性,企业应该对人才梯队建设引起重视并且要建立完善的人才培养制度等[9];刘磊指出要想发挥人力资源管理的培养人才的作用,企业要在预测规划、教育培训及绩效考核等方面不断完善[10];黄聃主要从企业文化的角度谈及人才培养问题,认为应该从加强企业文化的角度来提升企业的人才培养水平[11];王建春指出企业应该在意识、制度及培养途径等方面不断加强来提升培养人才水平[12]。总的来说,学者的研究虽然角度、思路众多,但是所提的对策建议太过宽泛,不够明确、具体、详细,还需要进一步深入研究来提出更加实际可行的对策,以帮助企业提升人才培养水平。

关于人才培养的另一个路径,即与外部资源共同合作来培养人才的相关研究也不少,如田宝春和张捷对企业与社会协同培养人才模式中的现代学徒制进行了研究[13],强敏和狄成杰对高校与连锁企业合作培养人才进行了研究[14],吴玉厚对高校与行业企业、科研院所联合培养人才的模式进行了研究[15]。总的来说,就是充分利用高校丰富的理论知识与企业的实践经验相结合来培养更加符合企业需求的人才。

2.2.3 "用"才相关文献综述

通过阅读一定量的文献发现，对于企业在用才方面的研究和之前在选才及育才方面的研究方向有相似之处，学者的研究也主要集中在企业用人方面的问题及如何解决这些问题促进企业更加合理地安排、使用人才两个方面。

关于企业用人方面存在的问题，南京晶指出企业在用人方面存在着人才浪费严重和人才流失现象普遍的问题[16]；吕亚宁在分析中指出企业用人方面存在用人机制不健全及人力资源储备不足等问题[17]；尹剑锋和陈发裕对企业在用人方面的问题总结出七大乱象，归结起来就是企业用人机制不完善，具体表现为用人存在潜规则、受传统用人观念的影响、激励措施不完善及对于离职人才缺乏人情味等一系列问题[18]；韦景瀚指出企业在用人方面责任不明确，选任制度不透明等一些问题[3]；赵丽针对民营企业在用人方面的问题进行了研究，指出民营企业在用人方面存在着人才管理水平不高、激励机制不健全等问题[19]。一系列的研究发现，无论何种性质的企业在用人方面存在的问题就是用人机制不够健全。

对于解决企业在用人方面的问题，学者通过研究也给出了一定的建议。黄清林认为企业在用人过程中要懂得扬长避短，激发员工的潜能，企业管理者应该多与员工进行沟通，了解员工的特点，要根据员工的特点满足不同员工的需求并且根据做事正确与否使奖励与惩罚并举，引导员工与企业共同成长[20]；南京晶认为企业要从薪酬待遇、用人机制、激励晋升体系、企业文化及工作氛围等方面加以优化，才能更好地激发员工的工作热情，让人才能够在合适的岗位充分发挥其才能，达到合理使用人才的效果[16]；吕亚宁认为企业要用好人，最重要的是树立正确的用人观念，要给员工提供机会促进人才不断成长，只有选择和企业相适合的员工才能够用好人[17]；郭佳音则认为企业用人应该大胆但更要科学，即企业敢于下放权力把人才放在实践中去锻炼，最大限度地调动人才的积极性[21]；赵丽指出，在完善民营企业的用人机制方面，最重要的是完善人才的管理办法，不能把企业的问题全部寄希望于高层次人才，要懂得对各层次、各方面人才的合理安排，形成"人尽其才，才尽其用"的局面，才能促进企业长远发展[19]。总之，企业要想更好地使用人才，就应该转变用人观念，在思想上进行转变才能促进行动上的变化。

2.2.4 "留"才相关文献综述

企业之所以要留才，那是因为各企业普遍存在着人才流失严重的问题，关于留才相关的研究也主要集中在人才流失原因的探索及如何更好地帮助企业留住人才两个方面。

学者关于人才流失的原因也有很多研究，李程鹏对中小企业知识型员工流失的原因进行了分析，认为知识型员工流失的主要原因一是薪酬制度不合理，不能满足其需要，二是人才管理模式过于僵化不考虑员工的内在需求，三是忽视企业文化的作用，某些中小企业总是有一个错误的想法，即认为企业文化是大企业应该做的事和中小企业无关，基于此导致很多人才流失到别的企业[22]；陈晖在对中小企业人才流失问题进行分析时指出中小企业存在薪酬制度不合理之处，还指出中小企业职工职业发展前景受限、人才缺乏培训和学习的资源等，导致其人才不断流失[23]，王萌[24]对中小企业人才流失原因的分析基本和陈晖的研究一致；张千英对民营企业人才流失原因进行了分析，其中包括社会原因、民营企业自身原因和个人原因，社会原因包括社会背景的改变及人才机制和管理机制的落后等，民营企业自身原因包括薪酬福利待遇低、人才意识不足并且忽视人才培养等，个人原因包括人才自身特性不同和人才道德标准比较低等，民营企业要想留住人才必须在多方面进行改变[25]。

对于留才的策略，学者在进行相关的研究之后提出了一些帮助企业留才的建议，如周士红主要针对民营施工企业如何留才提出建议，指出民营施工企业要将事业留人、感情留人、待遇留人落到实处，努力创造发挥人才才能的环境[26]；武国良认为企业应该通过文化留人、事业留人和待遇留人等措施来留住人才[27]；曾嘉懿认为企业要想留人最终要留心，要建立员工的心理共鸣，即建立员工的认同感、归属感、知遇感和成就感等[28]；项容认为企业应该在招聘时及日常管理中采取相应的措施，即在招聘时提高企业吸引力并给员工安排合理的岗位，在日常管理中用股权薪酬激励稳住员工的心，创造良好的工作氛围等[29]；纪立新对薪酬与福利待遇留人进行了详细分析，认为企业应该在薪酬与福利设计时充分从员工个体层面出发，使其更具吸引力才能够更好地留住人才[30]；刘建利则对创新型企业如何留住人才进行分析并指出创新型企业首先应该弱化人才信号，减少竞争对手对人才的搜索，其次应该构建内部流动市场并且深度介入员工的职业发展，使员工减少冲动离职和盲目离职的概率等[31]。本书通过对近几年文献的总结发现，企业留人策略中的共同思路是从心出发，"拴"住心才能够更好地留住人才。

综上所述，关于人才的"选、用、育、留"方面的研究比较多，视角比较宽阔，总的来说，在各方面具体的研究上总有一些相似之处，但是在某些问题的研究方面，如在应对策略等方面的建议还缺乏一定的实用性，未来的研究需要更加具有针对性地结合各个企业的现状提出更加切合实际的建议。

2.3　理　论　基　础

2.3.1　人力资本理论

人力资本管理（human capital management，HCM）是美国经济学家舒尔茨在其研究中第一次提出来的。舒尔茨认为人力资本是"体现于劳动者身上，通过投资形式并由劳动者的知识、技能和体力所构成的资本"，但是人力资本没有办法变为传统意义上的资本；贝克尔也定义了人力资本，他首先对物质资本进行定义，认为物质资本是物质产品上的资本，主要包括土地、货币、机器及原材料等，而人力资本则产生于人的体内，主要包括人体内所具备的各种知识、技能和身体素质等。人力资本的积累在推动经济增长方面具有重要的作用，人才作为一种比较高质量的人力资本，要想获得人才，就需要对其进行一定的投资，其中也包括人力投资。但是，对人力资本的收益进行评估具有一定的难度，前期对人力资本进行投资是希望人力资本能够为企业带来更多的收益，但是人力资本的特殊性使得其所带来收益并不都是可以衡量的，因此，要对人力资本收益进行评估需要从人力资本的内在价值和外在价值两个方面进行考虑。相对于企业而言，企业通过一定的投资引入了高质量的人力资本，人力资本在一开始获得了一定的收益，企业要想从对人力资本的投资中获得收益，则取决于企业引入的人力资本。第一，高质量的人力资本进入企业能够提升企业的声誉，也能够吸引更多更高质量的人力资本进入企业，能够给企业带来一些潜在收益；第二，企业引入高质量的人力资本能够对企业的人力资本水平有一定的提升，而且企业引入高质量的人力资本之后会改善其工作环境使其有利于人力资本发挥，这也为企业能够留住高质量的人力资本增加了机会；第三，高质量的人力资本也给企业带来一些新鲜的血液和丰富的经验，对企业人力资源的进一步优化带来更好的建议，从而导致企业对于其他人才有更大的吸引力，能够不断地形成一种循环。企业要想使人力资本的价值得到最大限度发挥从而获得更多收益，则必须充分考虑人力资本的特殊性，采取适合的激励政策等促进人力资本能力的充分发挥。

2.3.2 需要层次理论

需要层次理论一开始是由美国心理学家亚伯拉罕·马斯洛在1943年的《人类激励理论》中提出的，1954年马斯洛又在《动机与人格》一书中把需要层次进行了分类，按照等级将需要分为生理需要、安全需要、情感需要、尊重需要和自我实现需要。1967年，马斯洛在《自我实现及其超越》和《超越性动机论：价值生活的生物学根基》中增加了自我超越需要。但是，之后的大多数学者在研究中都把自我超越需要和自我实现需要划分为一类。

生理需要是需要层次理论中的最低级的需要，也是人类最基本的需要，主要包括人们的衣食住行等，如果连这种需要都满足不了，那么将对人们的正常生活产生很大的影响，从一定程度上来说，生理需要对人们的行动具有很大的推动力，只有当这一基本需要得到满足之后，其他的四类需要才能够成为激励因素。

安全需要主要包括对现在安全的需要和对未来安全的需要，现在安全的需要就是希望现在的生活能够有所保障，如就业及人身安全等，未来安全的需要就是希望未来的生活能够有所保障。当生理需要得到满足之后，安全需要才会产生。

情感需要就是人们在工作和生活中希望得到别人的注意、关心、友爱等，希望自己属于某一个群体，而不希望成为一个孤立的存在。

尊重需要主要表现为自我尊重和他人尊重，自我尊重是指自己在取得成功时的一种自豪感，他人尊重则是当自己在某些方面做出贡献时希望得到别人的认可，这两者通常是联系在一起的，要先有自我尊重才能够得到他人尊重。

自我实现需要是更高层次的需要，在社会生活中，当个人能力能够完全胜任所负责的工作时，就会产生对自己的更高要求，想要一个更加完美的自己。

马斯洛的需要层次理论对于各个企业中的人力资源管理特别是激励非常实用，但是要想起到更大的激励作用则必须首先了解企业内部人才的需要到底是什么，由于人力资本的特殊性，在充分了解不同人才的不同需要之后对症下药才能取得更好的效果。在民营企业中也是同样的道理，引进高质量人才，要发挥出其作用，必须有良好的激励手段。在民营企业中，要想使用马斯洛的需要层次理论对人才进行激励，则必须对企业的内部人才进行经常性的调研，时刻注意人才需要的变化。

2.3.3 人才推拉理论

人才推拉理论是由唐纳德·博格（D. J. Bogue）在20世纪50年代首次提出

来的。该理论认为人口的移动是推力和拉力相互作用导致的，推力是指迁出地的一些因素使人们离开，这些因素主要是一些消极因素，如所在地区经济发展水平不高或者收入不高等；拉力是指迁入地的一些因素吸引人们进入，这些因素主要是一些积极因素，如经济发展速度快、就业机会比较多及生活工作环境比较好等。例如，我国西部地区的人才大都往东部地区迁移，而东部地区比较突出的迁入地是上海、浙江等沿海地区，要想改变西部人口迁出及东部人口迁入的问题，必须客观分析东西部地区的推力和拉力，提升西部地区的拉力，减少推力，促进各地区人才均衡。

第 3 章　民营企业的人才状况分析

人口是一切经济社会活动的基础，人才更是第一资源，但当前能够反映人才流动的数据缺乏。为此，恒大研究院、泽平宏观和智联招聘联合推出"中国城市人才吸引力排名"报告，以期准确把握人才流动态势。智联招聘拥有约 2 亿个人注册用户，日均活跃用户数（含登录、有求职行为的用户）约 630 万个，其中，求职人才，即当年有简历投递行为的用户中约 85%为专科及以上学历，远超全国就业人口总体的 14.6%（2015 年小普查数据）；在求职人才中，约 40%为跨城求职者，即现居住城市和简历投向城市不同的流动人才。人才求职和跨城求职具有明显的月度波动性，求职高峰一般在春节后的 3 月，2019 年 3 月求职人数和流动人数占比分别为 11.3%、13.1%，2018 年分别为 12.1%、12.3%[①]。

根据智联招聘对跨城求职数据的分析，从性别看，2019 年流动人才中男性占 60%，明显高于求职总体的 54%，男性更有可能跨城求职；从年龄看，流动人才中超 80%为 18~35 岁；从学历看，流动人才中 52%为本科及以上，明显高于求职总体的 37%，高学历更有可能跨城求职；从工作年限看，流动人才中 46%工作 5 年及以下，高于求职总体的 44%，职场新人更有可能跨城求职；从工资水平看，流动人才中 45%月收入超 6 000 元，明显高于求职总体的 40%，收入较高者更有可能跨城求职；从行业看，流动人才中 51%分布在 IT（information technology，信息技术）、房地产、制造业，高于求职人才总体的 48%。

根据中国最具人才吸引力城市 100 强数据，可知：①上海、深圳、北京位居前三。对于城市的人才吸引力主要通过人才吸引力指数来衡量，人才吸引力指数主要是人才流入占比、人才净流入占比、应届毕业生人才流入占比、海归人才流入占比的加权结果。其中，人才流入占比和人才净流入占比分别反映该城市引得来人才和留得住人才的能力，应届毕业生人才流入占比和海归人才流入占比反映城市对年轻高学历人才和海归高学历人才的吸引力。从结果看，2019 年上海、深圳、北京位于城市人才吸引力的前三名，上海则是连续三年位列第一，广州、杭

---

① 若无特殊说明，本章数据及分析来自智联招聘、恒大研究院、泽平宏观。

州、南京、成都、济南、苏州、天津等城市位于城市人才吸引力排名的前十。2019年应届毕业生人才和海归人才流向北京、上海、广州、深圳的比重分别占比24.5%、28.7%，均高于流动人才流向北京、上海、广州、深圳的比重20.2%，应届毕业生人才和海归人才更倾向一二线城市。②人才流动趋势：长三角、珠三角人才集聚，京津冀人才流出。分地区看，2019年东部、中部、西部、东北部人才净流入占比分别为5.8%、-2.4%、-0.2%、-3.2%，东部人才持续集聚，中西部持续流出但有所收窄，东北部持续流出且幅度扩大。分城市看，2019年一线、二线、三线、四线人才净流入占比分别为-2.7%、1.1%、1.8%、-0.3%，2018年分别为-0.9%、4.9%、-0.3%、-2.3%；结合2016~2019年数据观察，一线城市因北京、上海控制人口持续流出，二线城市人才持续集聚，三线城市较为平衡，四线城市持续流出。分城市群看，超60%人才流向五大城市群，2019年长三角、珠三角、京津冀、成渝、长江中游城市群人才流入占比分别为23%、14%、13%、7%、7%，净流入占比分别为5.0%、2.8%、-4.0%、0、-0.5%，长三角城市群、珠三角城市群人才集聚，京津冀城市群受北京控制人口影响人才净流出，成渝城市群和长江中游城市群基本平衡。

智联招聘等对重点城市的人才状况进行了分析：①一线城市，北京、上海人才净流入占比逐年下降，深圳、广州呈上升趋势。北京2016~2019年人才净流入占比分别为-0.7%、-2.3%、-2.7%、-3.9%，持续为负值且降幅扩大，主要原因是北京严控人口、疏解产业；北京和上海互为人才外流第一目标城市，北京流向上海、上海流向北京的人才流出占比分别为0.8%、0.6%，人才从北京净流向上海；上海2016~2019年人才净流入占比分别为1.3%、1.2%、0.9%、0.5%，持续净流入但逐渐下降，主要原因是上海控制人口及产业转移；深圳2016~2019年人才净流入占比分别为-0.2%、0.1%、0.4%、0.2%，主要原因是深圳活力强、人才政策吸引力大；深圳和广州互为人才外流第一目标城市，深圳流向广州和广州流向深圳的人才流出占比分别为0.7%、0.6%，规模基本平衡；广州2016~2019年人才净流入占比分别为0.3%、0.5%、0.5%、0.6%，持续稳定净流入，主要原因是广州发展速度较快、生活成本在一线城市中最低。②二线城市，杭州、宁波、重庆、武汉人才净流入占比呈上升趋势，天津、成都有所下降。杭州2016~2019年人才净流入占比分别为0.8%、1.0%、1.2%、1.4%，始终为正值且逐年攀升，主要原因是杭州以电商为代表的产业发展迅速、薪酬超越广州在十大城市中位列第四；南京2016~2019年人才净流入占比分别为0.8%、0.9%、0.9%、0.9%，始终为正值且比较稳定，主要原因是南京发展速度较快且2018年"宁聚计划"实施吸引人才；重庆2016~2019年人才净流入占比分别为-0.1%、-0.1%、0.5%、0.3%，2018年由负值转正值，主要原因是信息技术产业等发展吸引人才；武汉2016~2019年人才净流入占比分别为-0.3%、0、0.8%、0.1%，2017年由负值转正值，主要原因是

2017年"百万大学生留汉"政策实施；天津2016~2019年人才净流入占比分别为0.2%、0.1%、-0.1%、-0.1%，逐年下降且2018年由正值转负值，主要原因是天津发展速度放缓、2019年地区生产总值增速为5.3%，在十城中最低，且薪资在十城中最低；成都2016~2019年人才净流入占比分别为-0.8%、-0.3%、-0.3%、-0.6%，始终为负值，主要原因是薪资水平较低，重庆与成都互为人才外流第一目标城市，人才从成都净流向重庆[①]。

在新时代的背景下，民营企业扮演着越来越重要的角色，但是我国的民营企业特别是中小企业发展情况并不是特别好。随着互联网的发展，民营企业在数量上有所增长，但是大多数企业在人才、资金和管理等方面仍然存在很大的问题，民营企业数量的增加也使得民营企业之间的竞争加剧。大多数民营企业一开始是劳动密集型企业，但是面对社会环境的改变，这些企业逐渐失去了自己的优势，面临的问题也在增加[32]。尤其是人才问题，在引才用才方面，民营企业都存在着一定的问题亟待解决。民营企业大多都存在着引进人才困难、人才使用不当及人才流失的问题，需要根据各地的不同情况制定相应的对策来解决。

我国的民营企业一般分为大型企业和中小型企业，大型企业数量少，但是聚集的人才相对较多，中小型企业虽然在数量上占据优势，但是人才偏少。整体来说，民营企业人才队伍整体素质不高，人才缺乏且没有高质量的培训机会，形成人才瓶颈[33]。民营企业要突破人才瓶颈，需要有针对性地做好以下几点：提高待遇，吸引人才；完善保障制度，增加人才归属感；加大培训力度，让人才不断进步。同时，政府也要为民营企业的发展创造良好的社会环境。

3.1　山东省民营企业状况

截至2020年底，山东省实有民营经济市场主体1 169.8万户，累计提供了3 700万个就业机会，对于增加就业促进社会稳定发展做出了很大的贡献[②]。民营企业所创造的税收达到山东省财税收入的70%左右，是非常重要的税收来源。

在"2019中国民营企业500强峰会"上，中华全国工商业联合会发布了《2019年中国民营企业500强报告》，其中山东省有60家民营企业位列前500强，山东魏桥创业集团有限公司、信发集团有限公司、南山集团有限公司3家企业跻身榜单前50。

---

① 熊柴，周哲，任泽平，等. 2020中国城市人才吸引力报告：超6成人才流向五大城市群. https://3g.163.com/dy/article_cambrian/FQ1CQ2QI0514R9P4.html，2020-10-28.

② 韩毅. 从"民企百强榜"看山东民营经济发展的喜与忧. 财经齐鲁，2021-09-01.

《2019年中国民营企业500强报告》显示，山东省16地市上榜2019年中国民营企业500强的60家企业中，东营的企业数量最多，达到15家，位居榜首；滨州上榜企业为7家；青岛上榜企业为6家；淄博上榜企业为5家；省会济南上榜企业仅为3家；枣庄没有企业上榜（图3-1）。

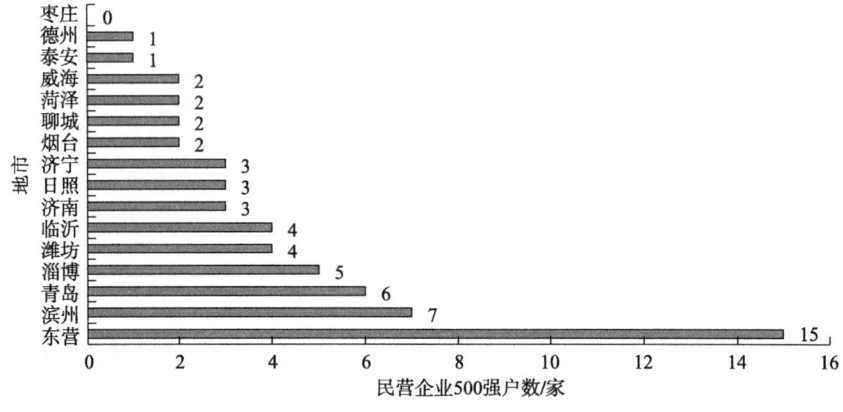

图3-1 山东省2019年中国民营企业500强按地市分布

经数据整理显示，在山东省入围500强的60家民营企业中，以工业企业为主，主要集中在石油/石化/化工、矿产/采掘/冶炼行业等（图3-2），属于资源消耗型发展模式，产业链低端、产品附加值低，既不利于可持续发展，也不利于生态环境保护。制药/生物工程，计算机、通信和其他电子设备制造业，新能源等行业的企业数量少[①]，总体呈现产业结构单一，发展后劲不足的态势。

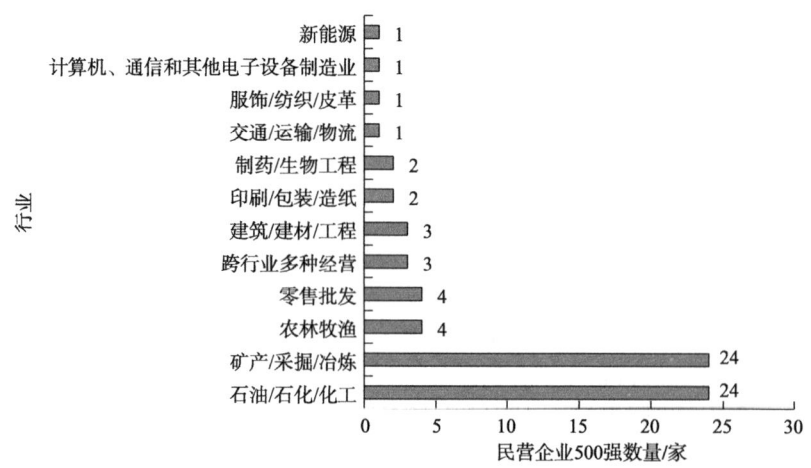

图3-2 山东省入围2019年中国民营企业500强企业按行业分布

民营企业的发展水平对其所在地区的经济发展水平会有很大的影响。在济南、

---

① 聚焦山东民企发展，破局之路任重道远. http://sd.ifeng.com/a/20190912/7703648_0.shtml, 2019-09-12.

青岛和烟台 3 个城市中，虽然民营企业在前 500 强中的数量比较少，但是这 3 个城市民营企业的结构分布比较合理，导致这些城市的地区生产总值在山东省比较靠前。其中，作为沿海地区的城市青岛和烟台，利用其独特的地理优势，可以和日本和韩国的城市进行贸易往来，促进其经济发展；济南作为山东省的省会城市，在科技创新、医疗创新、产业创新和人才等方面都具有很大的优势，能够利用更多的资源，促进各个产业不断向前发展。除此之外，这 3 个城市除了拥有大型的民营企业之外，小微型民营企业的数量也很多，各企业相互促进，极大地提升了市场活力，促进共同发展。东营的经济发展长期依托于石油这一资源，发展产业多以加工、延伸为主，经济附加值不高，缺乏新企业、新动能的带动，创新力度不足，发展动力持续削减。

齐鲁人才网的数据显示，通过对山东省民营企业在 2019 年上半年岗位需求进行分析，按照学历层次来看，对于大专及以下学历的岗位需求量比较多，达到 58.16%；面向本科生的岗位需求量次之，达到 38.55%；面向硕士群体和博士群体的岗位需求量比较少，都不足 5%（图 3-3）。可以看出，山东省民营企业招工主体主要还是偏向学历水平较低的群体，这是因为山东省民营企业主要以劳动密集型企业为主，对于高学历层次的人群需求度并不高。在产业结构调整与转型升级过程中可以看出，山东省对于人才的重视程度也在不断提升，各种政策也在持续落实之中。

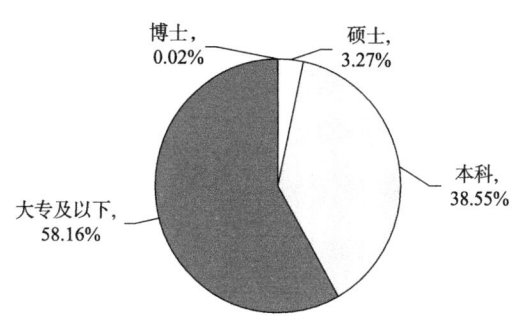

图 3-3　2019 年山东省民营企业岗位需求量占比按学历层次分布

企业提供的福利待遇水平是人才在选择企业时关注度比较高的一个因素，根据齐鲁人才网对 2019 年 9 月 1 日之前在齐鲁人才网平台发布招聘信息的民营企业的具体信息的分析，有 70% 的企业能够提供奖金提成；67% 的民营企业有全勤奖、双休，并且为 8 小时工作制；能够提供社会保险的企业占 66%；公积金的提供率最低，只有 58%，这意味着仅有刚过一半的职场人享有住房公积金福利，这也成为外地求职人员的一大阻碍因素（图 3-4）。相对于行政单位、事业单位而言，民营企业的福利待遇对人才的吸引力度更低，福利待遇发放的不稳定性强，而且福利覆盖面小。进一步完善企业福利体系，提高员工的福利待遇，才能够更多更好地吸引人才的加入。

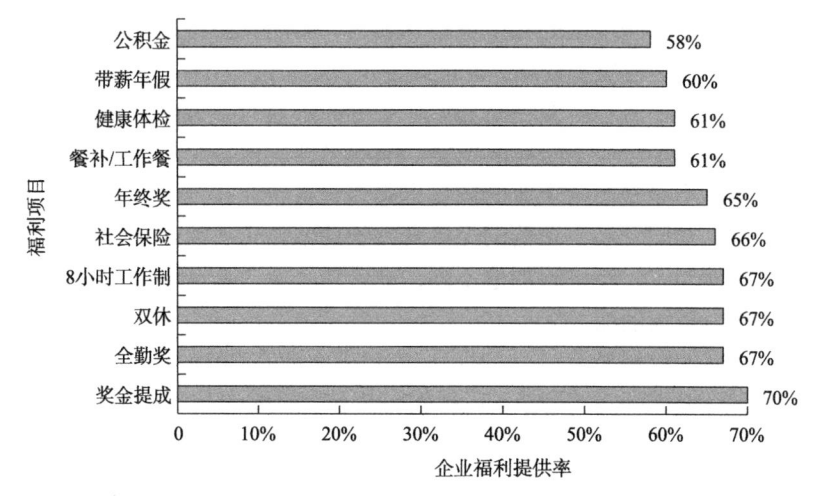

图 3-4　2019 年山东省民营企业福利提供率

在薪酬方面，齐鲁人才网的数据显示，泰安的平均薪酬为 5 561 元，民营企业的平均薪酬和泰安整体薪酬水平相差不多，为 5 635 元；东营的平均薪酬和民营企业平均薪酬均为 5 956 元（图 3-5）。除此之外，其他 14 地市民营企业的平均薪酬都要低于当地平均薪酬，由此可见，民营企业应该适当提高员工薪酬水平，才能更好地留住人才。

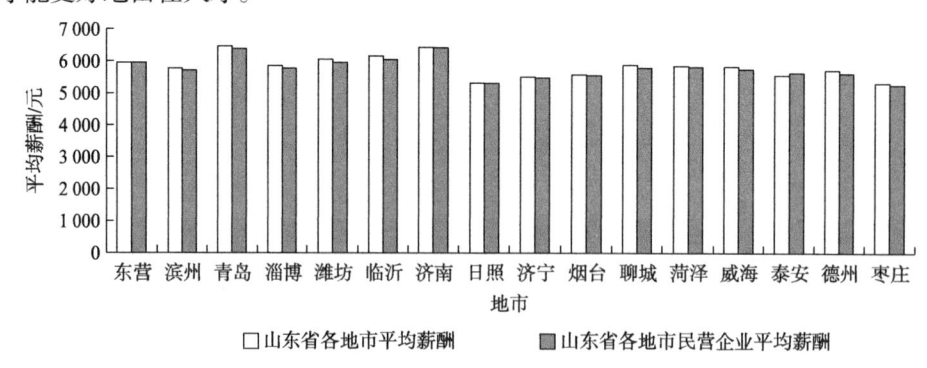

图 3-5　2019 年山东省各地市平均薪酬及民营企业平均薪酬

在 2019 年中国民营企业 500 强前十强的企业中，第三产业相关行业企业发展势头强盛，华为更是成为中国民营企业的成功表率，互联网及软件行业在全球化经济日益凸显的当下，能够实现资源的高效连接，互联网及软件融入社会各领域能够推动企业创新发展，发展前景十分广阔。然而，上榜企业多以第二产业企业为主，在热门的证券、汽车、房地产、互联网行业中，无一家企业上榜，现代新兴产业的滞后让山东省错失诸多发展良机，现代化发展之路任重而道远。

山东省民营经济呈现大型企业多、小微企业少，传统型企业多、创新型企业少的局面，使得民营企业的活力未能充分焕发，而与绩效密切挂钩的薪酬发放机制也反映出山东省大多数民营企业的经营状况不容乐观。其实，山东省的经济发展也面临一定的问题，山东省作为全国经济第三强大省，2019年地区生产总值为71 068亿元，几乎是河南省的1.3倍，安徽省的2倍。巨大的经济优势都吸引不来人才，一定是这座城市给人的生活感受出现了问题。网络上对于山东省经济的不满主要集中在以下方面：①就业环境落后，薪资水平不高；②城市治理观念落后，生活幸福指数低；③人情氛围浓郁，没有关系不好办事情。

纵观山东省整个体制和经济环境，山东省不受年轻人喜欢，大多是思维老旧、政策死板导致的多米诺骨牌效应。如果用九个字来形容山东省的发展问题，那就是"产业旧、反应慢、思维死"。

从"产业旧"方面来说，根据智联招聘统计的数据，2019年全国求职者最中意的行业前三名是通信/电子/互联网、房地产/建筑业和制造业。山东省的制造业发展不错，但是缺少应届毕业生心仪的行业——互联网，这是山东省就业的巨大痛点。时至今日，山东省的优势产业仍然集中在煤炭、化工、有色金属冶炼加工等资源开采和加工行业，并不匹配年轻人的向往。

产业落后带来的进一步负面效应，就是薪资待遇低。BOSS直聘研究院《2019年三季度人力吸引力报告》数据显示，人才需求量前50城市白领平均招聘月薪为8 325元。山东省有青岛、济南、潍坊、烟台4个城市上榜，平均招聘月薪分别为6 710元、6 232元、6 112元、5 788元，远远低于杭州、南京、广州、苏州、成都、武汉等新一线城市。就业岗位老旧，薪资偏低，年轻人自然不偏爱这里。

从"反应慢"方面来说，山东省在跟紧趋势上，往往慢半拍。首先，从产业结构看，山东省已经错过了互联网发展的黄金十年，与金融、互联网和高新技术产业飞起的江浙地区和广东省拉开了越来越大的差距。其次，在抢人才层面，山东省起步也晚，近年来，中国人口红利趋近吃尽，国家三令五申各大省市要吸引人口落户。从2017年开始，西安、昆明、石家庄、南昌、沈阳、郑州等城市纷纷大幅降低落户门槛，甚至"零门槛"，哪怕像成都、杭州、深圳这种"不愁没人去"的超大、特大城市，也都放宽落户条件。济南、青岛却落后了一大步。2019年，济南终于在5月28日颁布《全面放开落户限制实施细则》，推出6大落户途径。

从"思维死"方面来说，制度是人定的，产业落后、政策滞后，根源就是思维"死板"。2019年6月，山东省潍坊市委书记惠新安的一篇万字讲稿火遍网络，讲述了惠新安书记在率团赴南方5市考察归来后，感慨山东省的差距。

他说，与南方5市相比，我们差距的根源在思想观念上。山东省贯彻高层思想，就像一个初恋的憨直男，简单粗暴。只求达到结果，不细究途径和背后深意。

举个例子，2018年8月国家整治环保问题，山东省手起刀落，直接关停了近一半的化工企业，其中多数是中小型企业。然而，需要注意的是，当月最高层召开了国务院促进中小企业发展工作领导小组第一次会议，特意强调各地各部门更应借此机会"加强组织保障和监督问责，切实抓好政策落实，满腔热忱地支持中小企业健康发展，为我国经济社会持续健康发展做出新的更大贡献"。山东省的环保目的达到了，却无意间伤到了中小企业。2019年9月也有类似事件，山东省临沂市兰山区市民纷纷反馈本市污染治理用力过猛，辖区部分街镇餐饮、货运甚至加油站直接全部停业……[①]。

山东省在发展方面"产业旧、反应慢、思维死"，这可能与山东省传统保守的文化息息相关。山东省是传统文化大省，孔孟之乡，儒家发源地。山东人非常重视教育，但传统的思想，导致文化很保守。传统文化还导致了山东省的"官本位"作风比较严重，一方面是受传统封建思想影响，另一方面也受农业大省、国有企业大省经济方式的影响。和东北地区一样，山东省也有着以传统工业为主的经济结构，以国有经济为主，市场化程度不高。市场化程度越低，"官本位"风气往往越重，因为国有企业比民营企业更多地进行行政化管理。对比之下，南方地区政府更多服务于民营企业，更能换位思考，"民本位"多一些。"官本位"的政风基础是民风，影响深远，其中一个重要的负面影响是创业、创新不足，民营企业、科技创新不足，互联网等领域表现不够突出，虽然山东省的地区生产总值处于全国前三的水平，但是没有腾讯、新浪等大型的互联网企业。

山东省的问题，如果仅仅由上层领导推动，中下层配合不够，基层、人民群众观念不改，也是解决不了的。山东省的发展绝不仅仅是少数领导的责任，更是全体山东人民的责任。

3.2 山东省民营企业人才引进状况分析

齐鲁人才网2018年10月的数据显示，山东省民营企业百强在吸收人才就业方面发挥了重要的作用，山东省就业市场最为活跃的就是民营企业，股份制公司

[①] 被批搞环保一刀切，山东临沂：全面排查立即整改。http://news.china.com.cn/2019-09/05/content_75175028.htm，2019-09-05.

次之，民营企业是市场经济主体中最具活力的群体；2018年民营企业岗位需求量较2017年同期增长2.02个百分点；山东省新旧动能转换初具成效，齐鲁人才网的数据显示，山东省民营企业在传统行业的数量仍然占据第一位，但是自2017年底开始，青岛、济南、枣庄、日照、聊城、菏泽6市的民营企业在互联网、电子商务方面的岗位需求量首次超过机械等传统岗位。在山东省16地市对人才的吸引力方面来看，济南、青岛和潍坊位列前三，2019年山东省7个地市实现人才流入，青岛人才流入流出比更是接近于2，这意味着流出一名本地人才的同时会流入两名外地人才；对于人才流入的结构进行分析，本科生成为人才流入的主力军，其次是大专生、硕士研究生和博士研究生，高学历已经成为人才流入的主要特点，这也与政府及企业的人才政策是息息相关的。

BOSS直聘研究院的数据显示，2019年第二季度应届毕业生最期望前往就业的15个城市除合肥外，全部为一线和新一线城市，其中北京、广州、成都、上海、杭州位列前五。令人意外的是，广州、成都的吸引力甚至超过了老牌一线城市上海，而杭州的吸引力竟然也超过了新兴城市深圳。

除此以外，还有一点值得注意，山东省高校数量达到145家，每年毕业生的人数也是比较多的，但是山东省没有一个城市是2019年应届毕业生想去的城市，山东省的人数优势及毕业生普遍存在的"恋校"情结等本应该在人才引进方面具有很大的优势，实际情况却相差甚远。

通过数据我们可以看到，2019年第二季度人才吸引力指数前十的行业分别是互联网、IT软件、教育培训、贸易/进出口、广告传媒、交通/物流、制药/医疗、电子通信、专业服务、金融。其中，近年来急速发展的互联网行业仍旧是应届毕业生最心仪的行业，对人才的吸引力十分大。

作为地区生产总值第三的大省，山东省的优势产业集中在资源开采和加工行业，如煤炭、化工、有色金属冶炼加工。这种以制造型产业为主导的产业结构与当代年轻人行业选择倾向并不相符，这也让山东省在如今的人才争夺中有了天然劣势。

山东省在民营企业人才引进方面也存在一些问题。在之前的调查中发现，山东省的民营企业主要以劳动密集型企业为主，而且企业内部所招员工大多数为农村的外来务工人员，在技术方面、管理方面及市场营销方面经验丰富的人才相对比较少。山东省民营企业的人才问题已经严重影响了山东省整体民营经济的发展，人才问题集中表现在以下几个方面：一是引进人才难，不仅仅是人才引进比较困难，山东省民营企业有80%以上的企业连员工都招不满，这可能与大部分民营企业属于劳动密集型企业有关；二是民营企业中的人才结构不完善，虽然拥有一些人才但是整体人才水平偏低，主要表现为初级人才比较多，本身具有专利并且能够推动高新技术产业发展的高级人才比较少，能够适应工业互联网发展要求的创新人才少，掌握专业技术、具有较高水平的技术型人才少；三是不同规模企业中的人才不均衡，大型民营企业中聚集了更多的人才，而中小型民营企业中人才比较匮乏，这一现象严重阻碍了中小型企业的发展；四是民营企业存在的普遍问题是人才流动频繁，总体的人才流失问题比较严重，尤其是应届毕业生的流动更为频繁。

3.3 山东省民营企业人才使用状况分析

人才使用主要包括人才培养及选拔配置等，山东省民营企业人才使用方面存在的问题主要包括：对人才的培养意识不够且培养费用投入力度小；在选拔配置方面不够科学，表现在人才的晋升通道设置不合理及晋升标准不明确；大部分民营企业内部激励机制不健全，没有能够体现人才及岗位的价值，激励机制比较落后。民营企业对人才使用方面的诸多问题最终导致留不住人才，人才的流动性比较大，人才流失严重。

在人才流动方面，从整体来看山东省民营企业的跳槽周期短，人才流动性比较大，具体如图3-6所示。

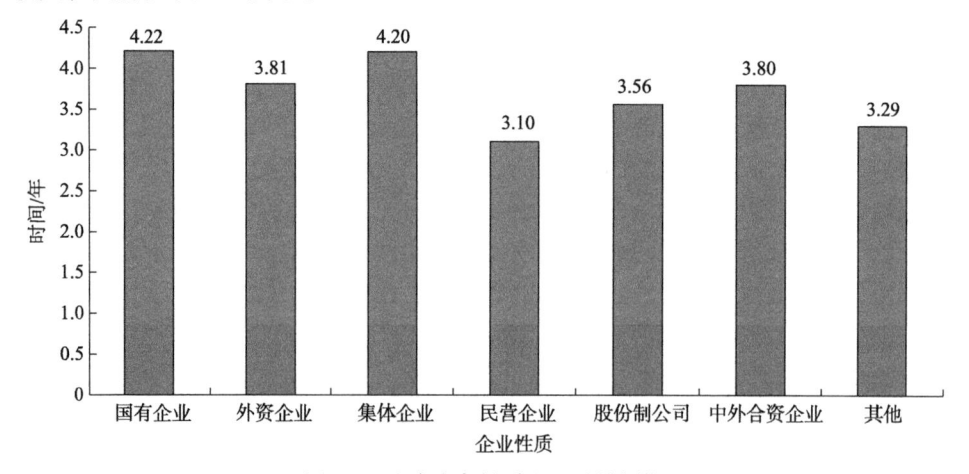

图3-6 山东省各性质企业跳槽周期

根据有关机构的调查，山东省的毕业生大多流向省外，能够留在山东省内的毕业生仅占毕业总人数的23.54%，济南和青岛毕业生的留存率超过了一半，但是有10个地市毕业生的留存率比山东省的平均值低，聊城和济宁更是不足10%。从民营企业来看，民营企业普通人员流失比例在18%左右，高级管理人员流失比例在20%左右，民营企业的人才流动频繁问题较为显著。从流动方向来看，山东省 2019 年的毕业生大都流向了京津冀城市群和长三角城市群，通过对流向各个地区的比例进行分析，北京一直是流向比较多的城市，其对人才的吸引力达到 21.48%，对于传统的吸引力比较高的上海和广东省等城市的毕业生呈现递减的趋势，相反，江苏省和浙江省反而对山东省毕业生的吸引力不断增强，江苏省甚至已经超过了上海，处于对山东省毕业生吸引力的第二名。在城市群的角度进行分析，长三角城市群和京津冀城市群毫无疑问是山东省毕业生流向最多的城市群，山东省毕业生流向省外的人数中近 70%流向这两个城市群，但是长三角城市群的吸引力在不断增强，甚至超过了京津冀城市群。"一线城市容不下肉身，三四线城市装不下灵魂"，"逃离北上广"正逐渐成为毕业生的想法。山东省毕业生去北京、上海、广州工作的比例相较于 2018 年降低了 15.61%（2018 年 56.70%，2019 年 41.09%），反而那些生活节奏相对比较慢、就业机会比较多、生活成本比较低的城市成为众多毕业生的选择对象，如江苏、天津、浙江等地对山东省毕业生的吸引力在不断提高。

从山东省内人才的流动方向来看，淄博、泰安、济宁、枣庄、德州、东营、聊城、菏泽、临沂 9 地人才流动的首要选择是济南，烟台、潍坊、济南等则与青岛等联系比较密切；从薪酬方面来看，对大专、本科和硕士研究生三个学历层次的薪酬进行对比，发现大专学历在国有企业的薪酬比较高，而本科和硕士研究生学历在民营企业的薪酬比较高，但是民营企业对大专学历的需求量比较高，对本科和硕士研究生学历的需求量相对较低，具体如图 3-7 所示。齐鲁人才网的调查显示，36.1%的民营企业缺少有技术和经验的技工，23.1%的民营企业急需经营管理人才。

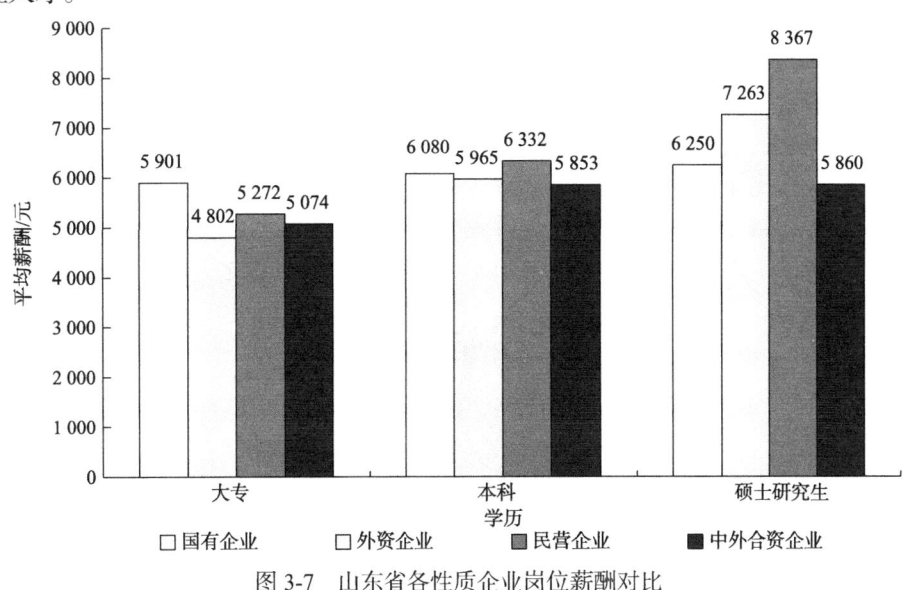

图 3-7 山东省各性质企业岗位薪酬对比

与其说山东省留不住毕业生，不如说山东省各城市缺少足够吸引毕业生的产业。以青岛为例，作为山东省经济龙头和仅有的新一线城市，青岛近几年发展迅速，即使青岛目前拥有新一代的信息产业园区，但是从整体来说青岛还是一个工业城市，其装备制造产业仍然是支柱产业，互联网及金融企业相对来说还是不多。但是相较于杭州，随着众多互联网产业的不断崛起，杭州吸引了大量的毕业生。总的来说，山东省本来能够吸引大量的人才，但产业结构不合理尤其是新兴产业发展不足导致山东省在争夺人才的过程中失去了优势。

民营企业人才流失会对企业造成一系列影响，主要表现在：①企业运营成本增加。人才的流失必然会增加对新进人才的培养，如果流失的人才仅仅接受企业的培养而并未给企业带来收益，那么企业只是单纯地增加了人才成本，导致经济负担加重，人才流失如果过于频繁，严重的可能会造成财务危机，影响企业生存。②企业的生产效率下降。频繁的人才流动可能会导致企业内部结构不稳定，也可能会对留下的人才的心理产生负面影响，从而导致整体工作效率下降。③引起企业无形资产的流失。如果企业中的高层管理人员离职进入其他企业，那么极有可能会带走企业的一部分资源，从而使得企业的一些无形资产流失。

3.4 山东省企业引才用才问卷分析

本次调查共发放190份问卷，位于山东省的有180份，问卷有效性为94.7%。问卷填写者自身基本情况如下：年龄分布多集中在30~39岁，30岁以下次之；问卷填写者所在的企业性质，国有企业占比65%，民营企业占比31%，外资企业和中外合资企业占比4%（图3-8）；在180个有效问卷调查对象中，有110个人的学历是大学本科，64个是硕士研究生，5个是博士研究生，专科学历的只有1个；大多数被调查者的工作年限在8年以上，工作年限在2~5年的次之，2年以下的最少。

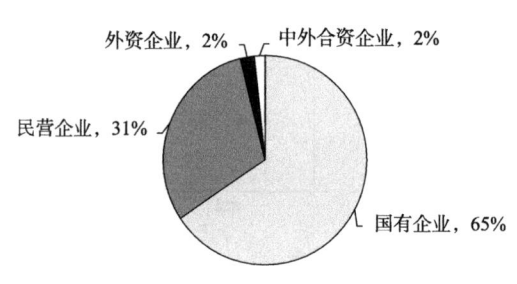

图3-8 各性质企业占比

第3章 民营企业的人才状况分析

对于问卷填写者所在企业的情况，180个问卷填写者所在企业的规模分布比较广，其中分布最多的是1亿~5亿元，100亿元之上次之，其他分布相对均匀；大多数问卷填写者在企业的职位是普通职工，主管和经理次之，董事和总监再次之，监事最少。大多数问卷填写者所在企业的职工学历为大学本科，大专及以下次之，研究生及以上学历最少；一半以上的企业面临着人才缺乏及人才流动性大的问题，也有不少企业有引进人才难的问题（图3-9）。

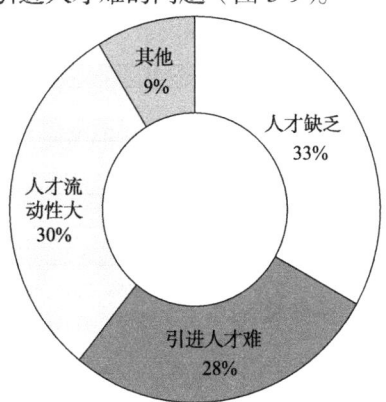

图3-9 各企业面临问题

大多数企业在引进人才时的方式是招聘会和内部推荐，通过职业中介或猎头公司的方式及主动求职者相对比较少（图3-10）；近80%的企业在引进人才时更加注重工作能力和经验，63.89%的企业注重学历，对于团队意识及合作能力、创新及学习能力、工作稳定性等也比较注重；有47.78%的企业的大部分职位可以找到合适的人才，35.56%的企业只有小部分职位可以找到合适的人才，仅有12.78%的企业所有职位都能够找到合适的人才。

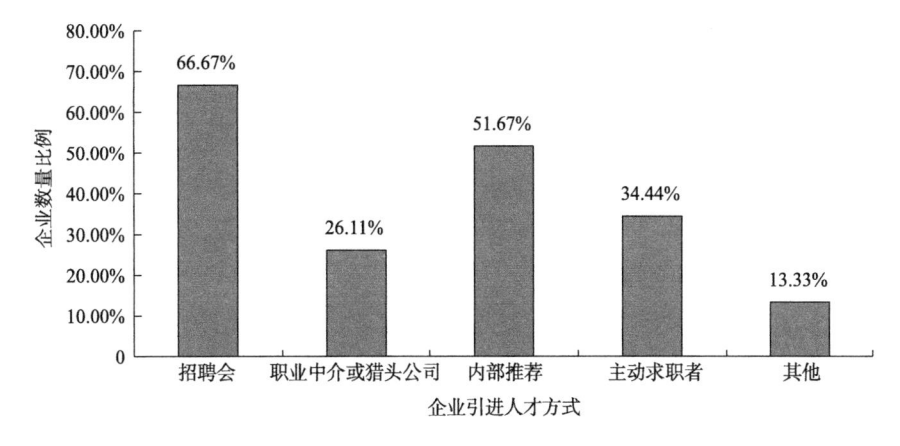

图3-10 各企业引进人才方式

在180个问卷填写者中有76.11%的人认为民营企业在引进人才中面临的问题是企业自身吸引力不够；有56.11%的人认为高层次人才不足，难以引进是民营企业面临的问题；有43.33%的人认为是人才自身素质较差，难以满足需要或难以适应企业环境；有38.33%的人认为是政策创业环境吸引力不够，如图3-11所示。

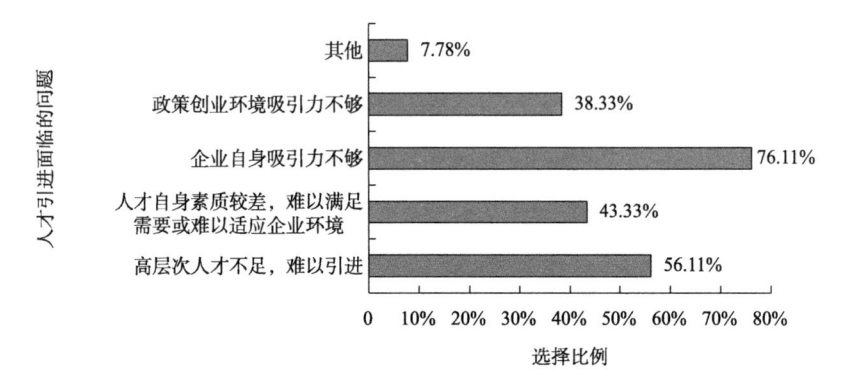

图3-11 各企业引进人才面临的问题

关于人才缺乏问题，有69.44%的人认为主要原因是企业难以提供高薪酬、高福利；有69.44%的人认为主要原因是企业人才培养投入不足、赋能机制匮乏；有47.22%的人认为是没有好的企业愿景，如图3-12所示。

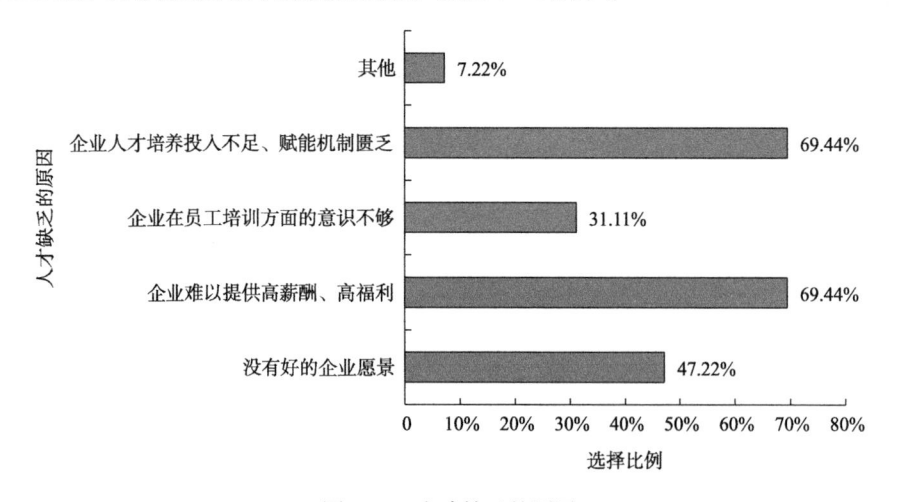

图3-12 人才缺乏的原因

大多数企业留住人才的方式主要是依靠工资待遇、发展机会及工作环境等，如图3-13所示。在受调查企业中，只有40%的企业重视人才规划，大多数的企业对人才规划持一般态度。

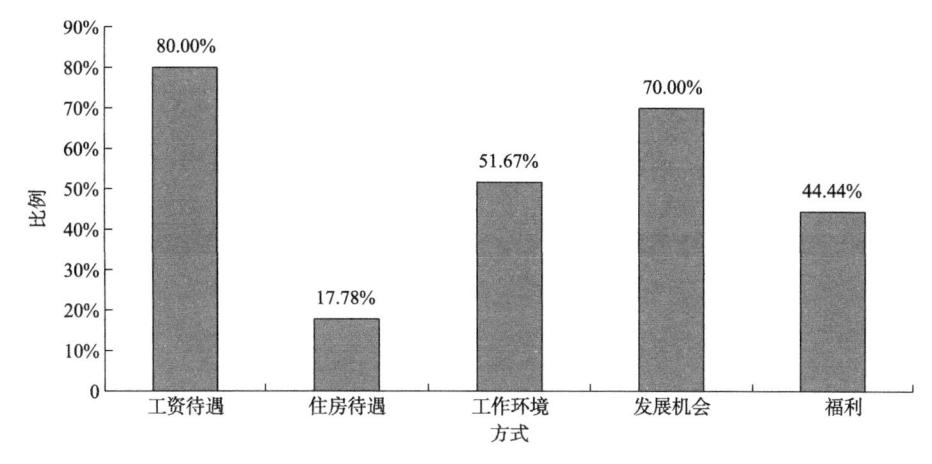

图 3-13 留住人才的方式

关于人才开发的形式比较多样，超过50%的企业采用集中的短期培训（57.22%）和带教式在岗培训（52.78%）及自我学习（51.67%），39.44%的企业采用职业资格认证，46.67%的企业采用轮岗交流，31.11%的企业采用挂职锻炼，如图3-14所示。关于人才的选拔配置，内部竞争和组织配置比较多，外部招聘相对较少。

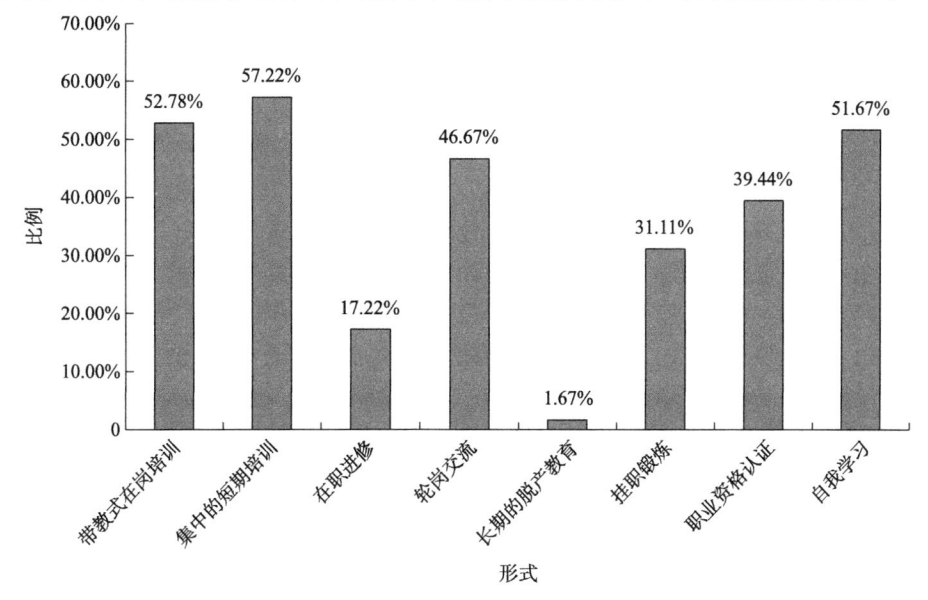

图 3-14 人才开发的形式

关于影响企业人才队伍稳定和发挥作用的原因，主要是企业内部缺乏相应的激励机制（75.00%），企业内部缺少公平竞争的环境（67.78%），企业缺少人才发挥作用的平台（65.00%），以及企业工资待遇低（52.22%）等，如图3-15所示。

原因	比例
其他	3.89%
社会体系不完善	24.44%
单位领导不重视	28.89%
企业内部缺乏相应的激励机制	75.00%
企业工资待遇低	52.22%
企业内部缺少公平竞争的环境	67.78%
企业缺少人才发挥作用的平台	65.00%

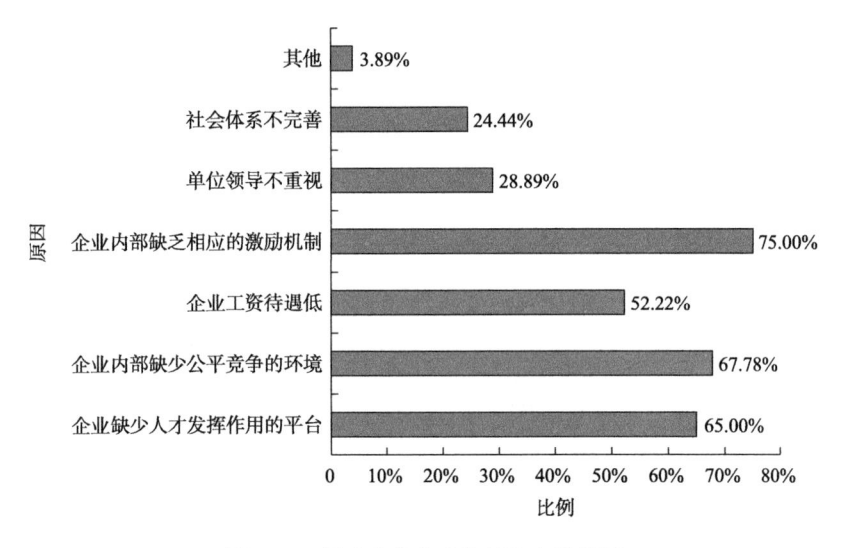

图 3-15　影响企业人才队伍稳定的原因

关于政府部门在人才方面的问题，对于政府出台的人才政策，超过 70% 的人认为对企业吸引人才是有帮助的，而且关于政府部门在加强人才队伍建设方面，80% 的人认为应该创优政策环境吸引人才流动，也有 60% 左右的人认为政府在指导产业集聚、引导企业发展，加强人才培养、提升人才素质，维护市场秩序、维持公平竞争等方面也应该加强。

收集的调查问卷中关于对民营企业引才用才方面的问题和建议中，在所有回答中关于"人才""企业""政府""政策"等关键词涉及最多；关于人才方面，更多的问卷填写者提及企业应该提升人才待遇、提供交流学习的机会及更广阔的发展平台，只有这样才能够更好地留住人才；关于企业尤其是民营企业方面，首先应该做好的是完成转型，提升自身竞争力和吸引力，这样才能够更好地吸引和留住人才；关于政府方面，更多的人认为政府应该加大对民营企业的扶持力度，尽量减小民营企业和国有企业之间的差别；关于政策方面，更多的是需要落实，很多政策制定出来无法落到实处，而且政策最好能够分层次解决企业实实在在的难处（图 3-16）。

经过对调查问卷的初步分析，可以看出，无论企业属于何种性质，都面临着引进人才困难、人才不能合理有效安排及留不住人才等问题。通过对国有企业和民营企业之间的对比可以发现：民营企业人才流动性大是首要问题（图 3-17），而国有企业人才问题首要是人才缺乏（图 3-18）。民营企业引才主要依靠内部推荐（图 3-19），国有企业主要是通过招聘会来引才（图 3-20），由此

图 3-16 关键词图示

可见，国有企业和民营企业对于人才的吸引力是不同的，也从一定程度上反映出社会对民营企业和国有企业的看法不同。

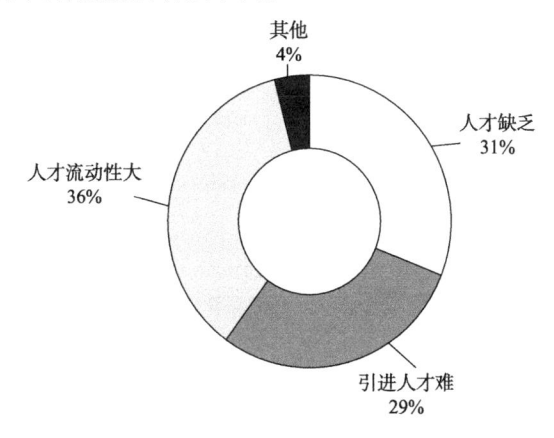

图 3-17 民营企业人才问题

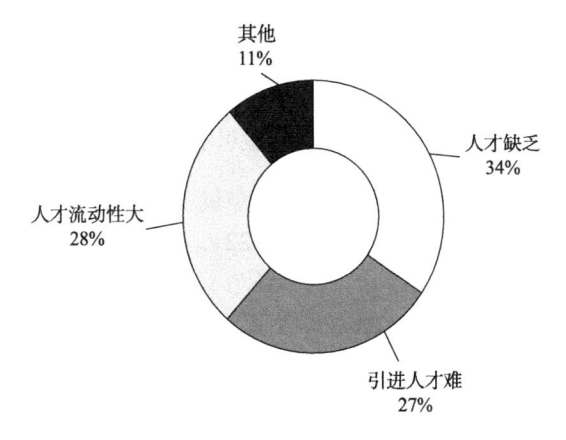

图 3-18 国有企业人才问题

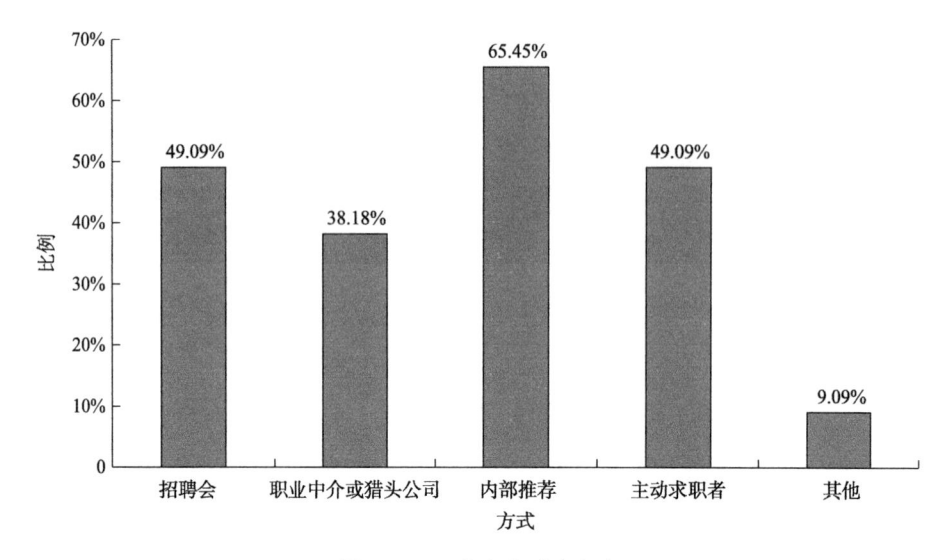

图 3-19　民营企业引才方式

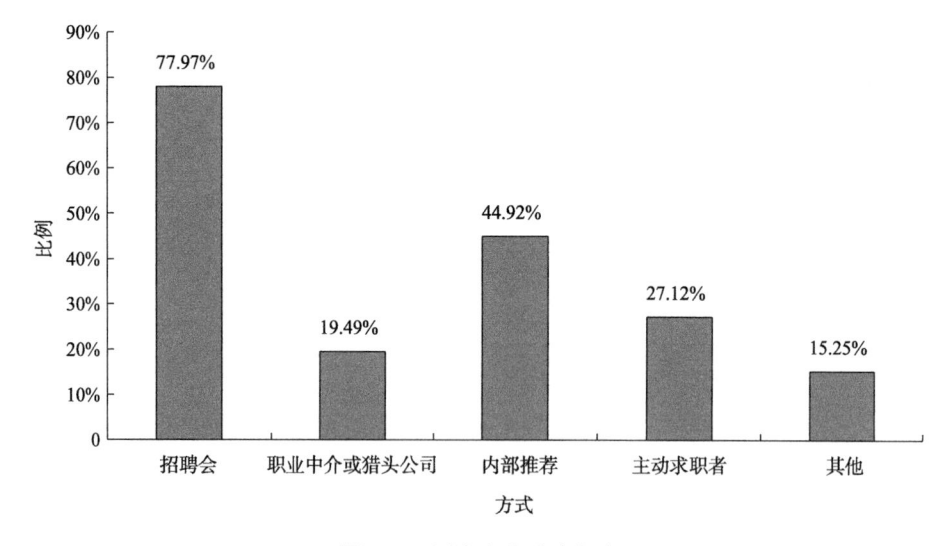

图 3-20　国有企业引才方式

对于人才开发的形式，民营企业主要依靠员工的自我学习（图 3-21），而国有企业依靠集中的短期培训和轮岗交流（图 3-22），可以看出二者对于人才开发的形式不同，民营企业对人才开发及培训意识不够且培养投入不足，国有企业在这一方面相对比较好。对于留住人才的方式二者是相同的，主要依靠工资待遇及发展机会来留住人才。

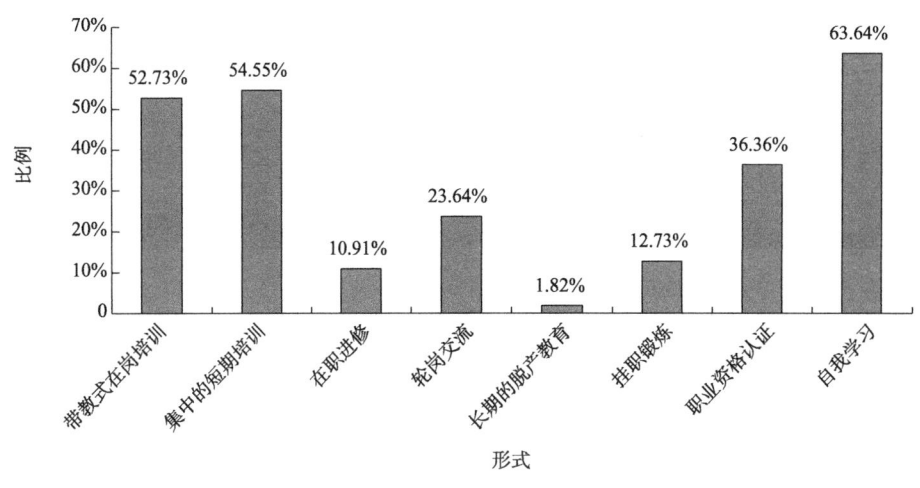

图 3-21　民营企业人才开发的形式

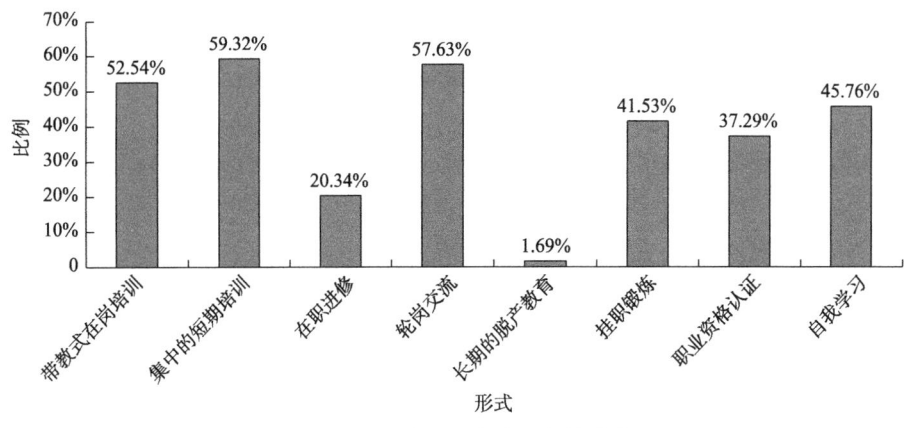

图 3-22　国有企业人才开发的形式

3.5　民营企业引才用才典型案例分析

3.5.1　利欧集团人力资源管理体系①

利欧集团股份有限公司（简称利欧集团）是中国泵行业上市公司。2016 年，

---

① 相关内容来自利欧集团股份有限公司官网。

利欧集团构建完成了"互联网+机械制造"双业务平台产业发展格局。

利欧集团经营的主要业务是微型、小型水泵及园林机械产品的研发、生产和销售。2007年4月27日该公司在深圳证券交易所中小板上市。利欧集团发展至今，收购了多个中小企业，主要包括长沙天鹅工业泵有限公司、无锡市锡泵制造有限公司、大连华能耐酸泵厂有限责任公司、上海漫酷广告有限公司、上海氩氪广告有限公司、江苏万圣伟业网络科技有限公司、北京微创时代广告有限公司、上海智趣广告有限公司等。

利欧集团有自己的人才理念，具体如下：①德才兼备、以德为先。"德"和"才"是企业对人才的双重要求，在对一个人进行评价的时候，德又是应该首先选择的。②员工是公司的第一资本。人才是企业的金矿，员工智力资源是企业的宝藏。利欧集团致力于开发每位员工的潜能，挖掘人才、培养人才、用好人才。公司既要善于用人所长，又要容人所短；员工要善于抓住机会，展示自我，成就自我。③崇尚业绩，注重能力。公司要靠业绩生存，员工要靠业绩发展。崇尚业绩但不唯业绩，同时注重能力考量。业绩获得报酬，能力决定岗位，敬业成就未来。④赛马知能，相马识德。利欧集团通过绩效考评等制度发现人才、培养人才、选拔人才。选拔人才的原则是任人唯贤，德才并重。单靠相马不客观，单靠赛马不可行，两者结合才是选拔人才的最佳方法。利欧集团的人才标准是对公司忠诚，对客户诚信；具有敬业精神和团队精神；具有较高的执行力和市场开拓能力。⑤造就最有价值的行业专家。给个性以空间，给事业以平台，让员工在公司发展中实现自我价值。为此，公司要培养员工的核心能力，让员工成为行业专家，让管理者成为最有价值的经理人。

利欧集团在员工的薪酬、福利、培养及职业发展规划方面有自己特有的一套体系。在薪酬方面，利欧集团建立了基于"岗位价值+绩效贡献"的薪酬管理体系，该体系对内公平、对外具有竞争力，主要包括基本工资、绩效工资（浮动工资）、年度绩效调薪、年终奖金及专项奖金五个方面；在福利方面，利欧集团以"为所有利益相关者创造价值"为目标，强调对员工关爱，不仅为各类人才提供有竞争性的薪资待遇，还构建了完善的福利体系提高员工工作和生活质量。

衣：利欧集团每年免费为一线员工提供工作服及相关劳动保护用品；为管理人员提供定制衬衫和西服。

食：利欧集团设有员工食堂，分标准餐和自由餐两种。每月为员工提供伙食补贴，并备有环境优美的员工餐厅。

住：利欧集团提供设施齐全的员工公寓，配有独立洗手间、空调、电视、宽带、24小时热水供应、投币洗衣机等，中层管理人员可申请单人间，科室人员可申请双人间。若该公司无法解决宿舍的，员工可以申请住房补贴。

行：利欧集团每年为家住台州地区以外且在公司工作时间满一年及以上的科

室员工提供探亲路费补贴；为中层及以上管理人员配备专车或提供车补，为普通员工提供交通补贴。

此外，利欧集团为员工建立了职工医疗互助保险基金，旨在帮助每位员工实现"大病医疗有保障，小病医疗有补偿"及"有病人帮我，无病我帮人"；每两年组织员工进行健康体检或公费旅游；每年传统节假日为员工发放节日物资；每月为当月过生日的员工送上一份精美生日礼物；等等。

在培训方面，利欧集团秉承"学无止境，学以致用；在干中学，在学中干"的学习理念，持续关注员工的培训发展工作。根据员工的工作与职业发展需求，结合该公司战略人力资源管理，对在职员工的培训内容进行全方位的定位细分，通过网上学习系统（online learning system，OLS）平台、新员工入司培训、岗前培训、专业培训、公共类培训、100学习系统（LS100）培训、干部领导力培训、利欧论坛八大模块的学习有效拓宽员工知识面，不断提升员工工作能力，改善工作绩效。

在员工的职业发展方面，为充分满足公司发展要求、进一步拓展员工职业上升通道，利欧集团设计出一套相对科学、公平、合理的职位体系划分与职业发展通道管理管理体系。针对管理、专业业务、专业营销、专业技术及技能操作五大类在职员工的职业发展通道，进行横向与纵向的合理规划，并对不同类别和处于不同职业发展阶段的员工实施针对性管理，以构建全体员工职业发展的平台，取得管理效果最大化。

除此之外，为了集聚人才，利欧集团实行股权激励政策，让优秀人才持有公司股份。利欧集团还设立内部幼儿园，供员工子女上学，聘请幼儿老师帮助辅导作业；建设免费公寓，供引进人才居住。可以说，人才有什么困难，利欧集团都解决得很妥贴。公司规模做大后，官僚化、"大公司病"往往随之而来。解决"大公司病"的有效办法，就是变革组织结构，成立自主经营体，激发人才活力。2018年，利欧集团对用人机制进行改革，设立创业合伙人制度。所谓创业合伙人，就是成立自主经营体，让优秀人才当小老板，在集团发展的大框架内，自主经营创业，实现"创业平台、合伙分享、成长共赢、裂变发展"。公司壮大后，产品线越来越长，环节繁多，每个人只对自己的工作负责，不对客户负责。销售人员一个人负责许多产品，往往只关注眼下好销售的，对培育新产品不太关注。客户有什么意见和要求，他们不去专门跟踪，响应速度很慢。这种官僚化持续下去，就会让企业逐渐丧失竞争优势。为此，利欧集团成立了自主经营体，让经营者直接面对市场、面对客户，缩短响应时间，培育新产品，维护未来客户，增强公司发展后劲。

3.5.2 海底捞人力资源管理体系[①]

1994年,海底捞在四川省简阳创立,一开始海底捞只是经营四川火锅的小店铺,随着大众喜好的不断增加和变化,为了迎合大众,海底捞开始吸收各地火锅的特色,逐渐形成了大众比较喜欢的品牌。海底捞在刚刚成立的时候,就确立了"服务至上,顾客至上"的营销理念。海底捞从成立到发展至今,形成了一套完整的生产线,目前已经建立了7个现代化物流配送基地,海底捞还拥有各个方面的专家。海底捞的门店分布全国各地甚至海外,在中国各地已经有上百家的直营餐厅,在新加坡、韩国和美国等也有数十家的餐厅分布。

海底捞的核心价值观——"双手改变命运"。海底捞创始人张勇认为,对于餐饮行业来说,顾客的体验是非常重要的,注重顾客满意度对餐饮行业的生死存亡至关重要,而顾客满意度的高低与餐厅全体员工的行为是息息相关的,因此就确立了"双手改变命运"的价值观,希望以此来引导员工,希望员工能够理解通过勤奋、敬业及诚信的行为,可以达到某些目标,只有这样,才能够促进海底捞不断向前发展。

海底捞的价值体系都是围绕核心价值观这个理念来设计的。海底捞的人力资源管理比较有特色,如海底捞员工的职业发展规划,海底捞不从外部招聘管理人员,防止堵塞内部员工的升迁之路,因为从外部招聘管理人员与海底捞的核心价值观不符,之所以确定"双手改变命运"的核心价值观,是因为海底捞希望员工脚踏实地,也能够给予员工一步一步往上升的晋升路径。海底捞员工的离职率很低,即使有很多企业到海底捞来招人或者是海底捞推荐一些员工去某些地方,员工仍然不愿意去,可见海底捞员工忠诚度之高。

关于员工的工资水平,其实海底捞员工的工资比同行业高不了多少,海底捞非常注重其人力资源管理体系的发展,尤其特别关注员工的物质和精神层面的发展。对于不同员工的特点和需求,海底捞进行了不同的安排和设计,如对待"70后"的员工可能是多发200元的工资,而对于"90后"的员工来说,他们更可能希望宿舍里有一台电脑,能够在下班之后打游戏、上网聊天等。但是,张勇认为,海底捞的人力资源管理体系还存在一些问题,其中的信息化管理还不够完善,只有把企业的软实力(人力资源)打好基础,企业才能实现更长远的发展[②]。

海底捞从一开始的只有四张桌子到现在成为上市公司,这与海底捞的战略及

[①] 本小节部分内容来自海底捞上市招股说明书。
[②] 人力资源体系打造好了,会成为海底捞的核心竞争力. https://www.sohu.com/a/256451004_704054, 2018-09-27.

管理和绩效考核等科学体系都是分不开的[①]。

1. 产品与服务

海底捞从成立以来就坚持"服务"的理念。张勇在开第一家海底捞时，由于其对厨艺并不是很懂，为了弥补厨艺方面的欠缺，只能够靠提升服务来赢得更多的顾客，现在海底捞的服务体系已经非常丰富和完善了。正是由于海底捞从一开始就认识到服务的重要性，才形成其现在独具特色的风格。海底捞为了不断提升服务水平，把顾客满意度作为对店长和员工的考核指标，同时还赋予店长和员工比较大的自主权，希望他们能够在更大的空间中发挥更大的创造力，能够多方面了解顾客需求，从而提高顾客满意度。除此之外，随着互联网及大数据等的不断发展，海底捞也顺应了时代发展的趋势，坚持用技术提高顾客体验，率先推出了平板电脑点餐、用户个性化数据分析等，坚持以产品和服务来赢得更多的顾客。

2. 用户选择

海底捞一直坚持"以人为本"的管理策略。顾客和员工对于海底捞来说都是非常重要的，首先服务好员工，让员工产生一种归属感，只有这样才能更高效率、更加负责地工作，才能把海底捞的理念传递给顾客。海底捞把顾客满意度作为餐厅绩效评估的最重要因素，给予店长、服务员大量的自主权，来激励他们为顾客提供个性化服务，因此顾客个性化服务是非常依赖员工的，为此海底捞还制定了高度流动的晋升机制和计件薪酬，同时还在教育补助及探亲方面给予员工优待。

海底捞在对待员工方面也有很高的福利待遇。在住宿方面，海底捞为员工提供的宿舍都是正式的住宅小区，而且还安排了专门的保洁人员，空调、电脑等都具备。每个门店每年仅在员工住宿方面就要花费 50 万元，即使各种各样的福利待遇对海底捞的利润会有一定的挤出效应，但是保证员工的积极性、稳定性和忠诚度更重要，从长期来说，可能还会促进利润的增加。

3. 绩效考核

海底捞对于旗下的餐厅、店长及员工都有一套独特的考核体系，在这套考核体系中海底捞更加注重柔性指标的考核。

1) 餐厅考核指标

海底捞对每个门店的考核主要依据的是"顾客满意度"和"员工努力程度"，而不是采用传统的经营或者财务指标。海底捞会对旗下的所有门店进行评级，餐厅评级制度主要包括两个方面：一是由每季度 15 位神秘嘉宾体验评级，他们

---

① 海底捞的战略、管理和绩效考核，都在 400 页上市申请书里。https://m.jiemian.com/article/2157641.html，2018-05-21.

主要是对服务质量、服务员的敬业程度、食物质量及餐厅环境进行评级；二是其他的评级标准，这些标准主要包括突击检查结果、来自互联网的用户评论、员工流失率及外部顾问执行的调查、报告及研究、营运及财务业绩等。根据评级标准将各门店分为A级餐厅、B级餐厅及C级餐厅，对于各级餐厅的店长也会有不同的待遇和选择。

A级餐厅。A级餐厅是海底捞最高级别的餐厅，说明其在各个方面的评价都比较高，A级餐厅店长及员工会有较多的机会。A级餐厅的店长对于新开餐厅的项目会有优先选择权，并且其所带的徒弟能够成为新店长的机会更大；当海底捞选择新的店长候选人时，会优先在A级餐厅的全体员工中进行选择，如果某一员工成为新餐厅的店长，其师傅可以获得一定比例的新店的利润提成。

B级餐厅。B级餐厅是在整体评价过程中比较满意但是仍然有改善空间的一部分餐厅，B级餐厅的店长需要向教练寻求帮助以促进门店的改善，相对于A级餐厅来说，B级餐厅的店长和员工拥有机会比较少。

C级餐厅。C级餐厅是海底捞最低评级的餐厅，如果餐厅发生了食品安全事件则会自动变为C级，第一次被评为C级餐厅的店长需要进行六个月的管理培训，学习如何改善餐厅经营状况，若一年之后其所在餐厅再次评为C级则有可能会被撤销店长职位。

2）店长考核

对海底捞店长的考核结果与其管理的餐厅级别和表现有直接的关系，海底捞各个门店店长具有很大的自主经营权，主要包括对员工的雇用、晋升、解聘及对顾客的折扣决定权等。店长的薪酬和其管理的餐厅的利润及其徒弟管理的餐厅有直接关系，海底捞为了激励店长能够培养出更多有能力的徒弟，允许店长可以从其所带徒弟的餐厅的利润中得到一定的提成。

3）员工考核

海底捞餐厅的员工占据了其员工总数的90%以上，海底捞对员工的考核从顾客一进入餐厅就开始了，包括顾客用餐过程中的各项任务直到顾客用餐结束离开，具体包括期间的服务和各种食物的准备等。员工的薪酬主要是计件制，根据员工服务的顾客数量和质量等作为薪酬依据，这些因素也决定着员工晋升。整体来说，海底捞员工工资结构主要包括八个方面，去除董事薪酬，每年员工的薪酬在6万元左右，具体的工资结构为：总工资=基本工资+级别工资+奖金+工龄工资+分红+加班工资+其他-员工基金，每一份工资都有一定的作用，海底捞的员工工资结构既满足了员工的需要，也留住了人才，能够让员工持续在海底捞工作。

4）组织架构

海底捞的内部组织结构主要分为四个部分，即总部、教练、抱团小组和餐厅，各个部分具有不同的功能，总部、教练和抱团小组主要为餐厅运营提供专业化的支持，其他的一些物流、加工等部分也都被分割为多个独立的个体。

（1）总部。总部的作用是整体上把控餐厅经营发展过程中的重要部分，主要包括食品的安全问题、选择合适的供应商并且进行管理的问题、技术方面的发展及应用的问题及餐厅的财务问题等。通过总部对餐厅重要部分的把控及店长权力的有效发挥来共同保证餐厅的服务质量。

（2）教练。教练的主要任务就是辅助店长，为餐厅的发展提供指导和支持，大部分教练都做过店长，具有丰富的管理餐厅的经验，他们的主要任务包括以下几个方面。

新店开拓：为新店如何选址及进行租赁费用方面的问题提供指导。

员工晋升：对海底捞大学的培训计划进行管理，这些计划主要提供给大堂经理和后备店长。

绩效评估与改善：对餐厅的绩效进行评估，并且对C级餐厅的改进提供指导。

工程：对餐厅的装修工作进行协调。

产品开发：改进现有产品或者研发新产品。

财务：财务方面的预算、核算及监督等工作。

新门店支持：为新设门店的发展规划、员工培训及新店长的经营管理提供指导。

人力资源：员工的招聘及培训等。

（3）抱团小组。在一定的区域内，相邻比较近的几家餐厅形成一个抱团小组，餐厅的数量一般在5~18家，主要对象一般为有师徒关系的门店，选择其中有能力的店长担任抱团小组的组长，大多数情况是由各门店店长的师傅担任。

抱团小组是一个整体，各个餐厅处于同一个地区，信息、资源等方面内容较为一致，因此内部各个餐厅会互相帮助，积极地开拓新的餐厅，以及对其中的落后餐厅进行帮助改进，努力提升抱团小组内部各个餐厅的管理水平和服务质量，形成一种区域支持功能。

（4）餐厅。在餐厅的经营过程中，店长拥有较大的经营自主权，店长还要对餐厅的员工进行考核，店长会尽力发现有能力的员工并进行培养，使其成为新设餐厅的店长。店长的具体工作比较繁杂，对餐厅的各个方面都要负责，如每周召开工作会议、处理顾客的投诉等。店长都有一套具体的操作手册，除了操作手册规定的权力以外，店长还有很大的自主权。

5）人才发展

入职海底捞的员工，在前三个月内的离职率比较高，一年之后变得较为稳定，海底捞在员工的晋升方面设置了公开透明的晋升通道，任何一名普通员工在经过三级六次考核后就会晋升为门店经理，成为店长之后其薪酬水平就会有大幅度提升，而且有机会得到门店的业绩提成，一名普通员工最快可以四年晋升为店长，这是比较有吸引力的。

（1）店长选拔。海底捞的店长大部分都是从内部提升上来的，大都具有丰富的工作经验，如2022年3月被委任为CEO（chief executive officer，首席执行官）的杨丽娟就是依靠个人能力一步步晋升上来的。海底捞大学是培养店长的主要平台，与企业核心价值观一致并且能够熟练掌握业务的员工会有更大的机会晋升为店长。海底捞店长选拔流程主要分为三个阶段：选拔进入人才库—晋升为大堂经理—晋升为店长。每一步都需要一定的考核培训等。对于进入人才库的员工，首先必须是师傅推荐的，其次还要接受管理、服务及政策的相关培训；想要晋升为大堂经理的员工首先要有能胜任10个以上职务的徒弟，这样才有机会参加海底捞大学的培训，顺利通过培训评估之后才能晋升为大堂经理；要想晋升为店长则需要上一任店长推荐其进入海底捞大学进行培训，并且接受15~30天的讲座及实践培训，通过培训评估之后才有资格晋升店长，但是需要根据师傅的表现，在有合适的餐厅开业时才有机会真正被提升为店长。

为了保证能够培养出真正具有能力的候选人，对于那些未通过的候选人，候选人及推荐他的店长需要支付培训的相关费用；对于通过评估晋升为店长的，在后期的绩效评估中如果没有通过并且被免除了职位，那么其师傅和师爷也会受到财务惩罚。

（2）员工晋升。为了培养需要的管理人员，海底捞制定了专门的师徒制度，进入海底捞的员工都会有一位师傅带领其进行一个星期的培训，师傅也会为徒弟之后的职业生涯中遇到的问题进行指导和帮助等。餐厅内部员工的晋升主要是由店长根据其表现并且进行评审来决定的，任何员工都有机会成为管理层。

海底捞每家餐厅的员工有100~150人，餐厅的职位主要分为三个级别——初级、中级和高级，初级员工主要包括清洁工和杂工，中级员工包括洗碗工和备菜员，高级员工包括服务员和食品安全人员。刚进入海底捞的员工一开始都是从初级职位开始，通过之后的能力提升及考核培训等，逐步提升。海底捞的人才晋升体系透明、公开、公正，只要有能力就有机会到更高的层次。

6）战略控制

海底捞最重要的战略目标就是保障顾客满意度，除此之外，保持海底捞品质稳定和持续增长也是海底捞未来发展的重点。

（1）食品质量和安全是一切的核心。为了保证食品质量和安全，海底捞制定和实施了全面的质量控制体系。

详细和标准化的质量控制措施。海底捞的质量控制体系包括了从采购、加工到物流等每一个环节，控制标准多达50多个，内容非常详细具体，甚至包括了不同类型的厨具如何清理、洗手间多长时间清洁一次等。为了保证食品质量安全，海底捞在选择高质量供应商的基础上对每种食品都进行严格的检验，确保食材的新鲜和安全。

大规模的食品安全队伍。为了保证食品安全，海底捞设置了专门的食品安全管理部门，该部门一共有 64 名员工，由他们进行食品安全标准的制定，并且对供应商的资质进行检查和监督，切实保障食材安全。在每一家门店，餐厅也有专门的员工负责餐厅的食品安全问题，总的来说，有超过 500 名员工在负责这个问题，在海外的餐厅食品安全问题由店长直接进行管理。

频繁而广泛的检查。对于餐饮行业来说，食品安全的保证来自对各个环节频繁而广泛的检查。在餐厅层面，海底捞餐厅对每天购进食材的安全和质量等按照程序进行细致的检查，为了保证检查结果的可靠性，海底捞设置的检查程序多达 60 多个；在供应商层面，对供应商提供的各类食材进行不定期的检查，甚至对于某些特别的食材，海底捞还会要求供应商在特定的地方进行采购，海底捞也会在货源地进行直接检验等。

系统性清洁及检查。海底捞每天都会有固定的时间对餐厅进行全面清洁，甚至还会有突击检查，检查的内容主要包括：员工的健康证问题、食品的存放及垃圾的处理等。

清晰的问责制度。店长和员工对餐厅的食品安全问题共同负责，对店长来说，在海底捞的餐厅评级制度中明确规定餐厅出现食品安全事故将自动成为 C 级餐厅，如果在接受教练培训之后的一年内再次被评为 C 级，店长将会被撤职，其师傅也有可能会受到惩罚；对于店员来说，餐厅实行积分制，按照一定的标准对违反食品安全程序的员工进行扣分，如果一年内全部扣完，则其只能得到 3 个月的基本工资，严重违反者将会直接被解聘。

透明的监督及报告制度。透明的监督是指把餐厅的厨房设置成开放式的，而且安装监控设备，让消费者能够看到食材的加工过程，吃得更加放心；报告制度是指餐厅需要在每个月对餐厅发生的食品安全问题及解决方法进行总结，并且将此对公众公开披露。

合理性。为了保证海底捞餐厅设置的合理性，海底捞每年都会邀请专家对内部设置提供建议和意见，而且对餐厅内部的设计不断进行升级和改进，力求促进服务质量的提升。

（2）供应商质量控制。供应商是海底捞餐厅食材的主要来源，为了保证食品质量，海底捞加强了对供应商产品质量的控制，减少出现问题的风险。

筛选供应商。海底捞在自身需求的基础上，结合市场情况分析，对众多的供应商进行严格的筛选，对于供应商的筛选主要包括供应商及供应商品的法律资质、监管资质、质量和检验结果，供应商的生产能力，供应商价格及整体管理能力，供应商的运营资质等方面，符合这些方面要求的供应商才可能会成为海底捞的供应商。

管理及审核供应商。为了保证供应商供货的质量、价格及交货的及时性，海底捞会在每个季度对供应商进行评级，主要分为A级、B级和C级，A级供应商作为最高级别的供应商，将会获得增加订单等奖励，而C级供应商则有可能被减少订单甚至会解除合作。为了保证供应商提供的食材质量，海底捞还针对新设计出来的产品和已有的产品的供应设置了两套标准化的质量控制措施，对于可能上线的新产品主要进行五道检验和测试，分别是产品开发部制定产品开发流程、味道测试，检查供应商及所供应产品的规定资格，实验室测试，神秘嘉宾及营养师味道测试，现场突击检查等，对已有的产品主要采用实验室测试及现场突击检查等两种方法。总之，海底捞对顾客所用食物的质量控制是极其严格的，正因为如此，才能吸引如此多的顾客。

（3）设立反回扣措施。海底捞的反回扣制度主要包括自下而上的担保制度、员工举报计划、检验审计、零容忍及高薪酬制度等。

（4）提升选址水平。为了提升海底捞选址的水平，海底捞开始重视科技的力量，和阿里云共同开发了人工智能平台，通过一套精细的算法来提高选址水平。先由平台得出选址结果，然后店长负责去寻找合适的物业，最后由教练对所选物业进行评估。影响海底捞选址的因素主要包括：地区经济背景和文化（选址区域的经济发展趋势，特别是商业发展速度）、区域规划（了解潜在地点的区域建筑规划，确保地理优势）、地点特征（确定购物中心、商业中心、旅游中心、住宅区等不同特征区域、规模和档次，以制定不同的营销策略）、竞争程度（同种规格、档次企业的直接竞争、不同品类或不同档次的互补竞争）、街道形式（能否吸引人群到来并停留，街道位置、宽度等，三岔路口、拐角较好，坡路、偏僻角落、楼屋高的地方欠佳）、交通状况（车辆通行状况和行人多少，是否有就餐机会和欲望）、周围环境和服务（店铺周围环境状况、街道繁华度、市政设施是否完善）等。

（5）技术提升。海底捞的服务包括从顾客进入餐厅、用餐过程中的服务直至顾客最后离开，整个过程都与现代科技充分地融合，科学技术的运用使得海底捞能够更加准确地了解顾客的偏好，进而为顾客提供个性化服务。另外，科技的运用极大地提升了顾客的就餐效率和满意度。海底捞的技术提升主要体现在以下几个方面。

智能厨房。海底捞在2018年开设了第一家带有智能厨房的餐厅，智能厨房的运用可以加强食品安全控制、实现餐桌清洁自动化，同时还能减少顾客等候和用餐时间，增加客流量。

定制化口味。海底捞开发个性化技术，希望能够针对不同顾客的喜好提供个性化的锅底。

自动电话客服。海底捞设置了自动电话热线，拨打电话热线可以办理订餐服务及咨询服务等。

人工智能。海底捞运用人工智能技术力求达到能够为顾客提供更加有针对性的个性化服务。

海底捞的不断变化，可以用"折腾"来形容。2007年海底捞就开始建立人才晋升体系，但是总是频繁发生变更，可能今天刚下发的制度，明天就变了，几乎一天一变。后来是，一会儿取消区经理，一会儿恢复区经理，一会儿又改为教练组。虽然频繁的变更可能会使人崩溃，但就在这些折腾中，海底捞不断试错，才逐渐找到合适的组织模式和经营管理之道。

正如钱德勒所说：战略决定结构。企业不断成长，战略相应地要进行调整，原有的操作模式都要进行变革，这个时期变革就是组织最大的战略。然而，组织要变革成功，必须进行组织架构的变革，组织的结构要能支撑战略的落地执行。在组织发展中，"大公司病"会逐步出现，常出现的问题就是组织人数增加，组织功能增强，部门增多，但效率反而下降，只有通过组织架构调整，才能真正防止组织随着发展而管理失效。实际上，组织越发展，组织架构越复杂僵化，越固守不前。管理层认为这样就能抵御风险或灾难，岂不知僵化的组织架构本身可能成为组织灾难的制造者。

当然，海底捞并不是完美的。它在变革过程中，也引发了员工的不满，也有高管因不满意而离职，也有人骂海底捞。但是，正如海底捞创始人张勇所说："我们每个企业都一样，都浑身充满问题，但我们需要带着问题发展，在跳下悬崖的过程中长出翅膀。只要我们对这个世界充满好奇充满期待，找到自己发展的底层逻辑并砥砺前行，就能战胜一切困难，并因此而走向卓越。"[1]

3.5.3　华为的人力资源三支柱模式

华为于1987年成立于深圳，是一家从事生产和销售电子通信设备的民营企业，其业务遍及全球，在海外设立了22个分区部，100多个分支机构。华为企业内部实行员工持股制，是一家100%员工持股的民营企业，作为一家从事电子通信设备的企业，科学技术水平起着决定性的作用，为此，华为在中国的北京、深圳，以及德国、美国、日本等地成立了16个研究所，专门进行技术发展和产品研发等，目前华为的 5G 技术处于世界领先水平。自成立以来，华为所获荣誉无数，2016年华为更是成为中国民营企业 500 强的榜首，2018 年获得中国电子企业百强第一名的荣誉。

---

[1] 李顺军. 连一碗面都做不好的"张大哥"，为什么能将海底捞做成千亿级餐饮帝国？https://www.sohu.com/a/374148573_343325，2020-02-19.

一个企业要发展，最重要的是人，其本质竞争也是人的竞争。初期的华为，都是任正非亲自面试，往往一个小时的面试，他自己要讲 50 分钟，把自己想表达的都讲完了，最后只问应聘者来不来。就靠这个办法，看似在企业里常规面试流程不可能发生的事情，华为招来了一群非常有能力的人，如孙亚芳、胡厚崑都在营销上各具特色，这个非常能干的一个群体弥补了任正非的短板。华为从 1997 年开始，就已经非常重视校园招聘了，那个时候华为自掏腰包，让一大批对口院校的硕士研究生和博士研究生来深圳参观华为，在当地游玩，包吃包住，很多人觉得不错就选择了华为。今天华为的一些高管，如余承东等，平时在公司可能看不到他们，但到了每年的校园招聘季，在各大高校都能看到他们的身影。

2009 年华为开始招聘芯片方面的人才，当时的负责人是何庭波，一来就抱怨说："任总说给我两亿美元一年，花不了就把我干掉。"何庭波很是困惑，然后另外一个高管就说，任总的意思是让你去招人。在国内，最好的芯片电子专业所在的高校，要数清华大学和复旦大学。何庭波就请微电子专业的应届毕业生吃饭，讲理想、讲待遇，各种动员他们来华为。如此的重视程度，相信在中国也没有几家企业能做到。华为为什么重视校园招聘呢？华为的回答是："应届毕业生像一张白纸，还没有在职场体会到成功，来到你的公司，成功了，这是双赢的结局。"

华为前董事长孙亚芳，早在 2006 年就提出了选领军人才的 5 个标准，即主动性、概念思维、影响力、成就导向、坚韧性，然后从学生里挑人。十几年来，华为用这套机制，通过大量筛选，获取了很多优秀的人才[①]。

在互联网和人工智能高速发展的时代，企业人力资源管理是转型升级还是等着被取代，人力资源三支柱模型为我们提供了一个很好的解决方案。人力资源三支柱模型将企业人力资源分为人力资源业务合作伙伴、人力资源专家中心、共享服务中心。

人力资源三支柱模型在传统管理模式的基础上又提出了新的管理要求和重点，更加注重系统性的管理。人力资源三支柱模型在企业中的运用，可以促进企业各个部门分工协作，高效率地完成目标任务，降低管理成本，对企业战略的实施具有一定的支持作用。在中国对于人力资源三支柱模型运用得最突出的是阿里、腾讯和华为。

华为人力资源三支柱模型强调"以客户为中心"。在日常的经营管理过程中，华为人力资源部门也始终坚持这一观点，华为人力资源三支柱模型充分体现了"以需求为牵引"的特点。从人力资源管理组织结构来看，新型的人力资源体系包括 HRBP(human resource business partner, 人力资源业务合作伙伴)、COE(center

---

① 华为人才的管理核心：选好人，分好钱，成就一支铁军. https://new.qq.com/omn/20191217/20191217A03VKK00.html, 2019-12-17.

of expertiseor，人力资源领域的专家）和 SSC（shared services center，共享服务中心）三大支柱，承接客户需求和业务需求，实现人力资源体系从职能型向业务伙伴型转变。在这一体系中，HRBP 发挥着重要的联结作用。作为业务伙伴，HRBP 需要充分理解业务需求，在此基础上整合并实施解决方案。同时，HRBP 是华为人力资源三支柱模型中最能贴近业务、有效传承和践行华为核心价值观的关键所在。

人力资源三支柱模型尤其是 HRBP 充分强调发挥对组织战略和业务的支撑作用，同时也体现了"以需求为指引"的特征。同时，华为的 HRBP 多数由优秀的业务主管转型形成，解决了 HRBP 推行的最大挑战——业务敏感度不足，真正发挥了对业务的支撑价值[1]。

华为真正做到了把全球最优的人力资源管理实践加以高度整合、集成，从而成为集大成者。华为在高度整合东西方人力资源管理最优实践的基础上，有非常多独特而创新性的做法，主要包括以下八个方面。

（1）在对知识创新者与人力资本价值的承认与实现上，华为真正建立了与知识分子共创共享的机制，华为的虚拟股权计划、获取分享制、TUP（time unit plan，时间单位计划）在全球都是独创的。

（2）创造力独一无二的人才管理理念和机制——以奋斗者为本。

（3）华为创造性地引入热力学熵减理论，提出了小熵人才管理理论与组织激活模型。

（4）充分吸收英国和美国先进的做法和经验，结合自身实际情况建立了以能力为核心的任职资格体系。

（5）全球第一个创立三位一体价值管理循环模型（全力创造价值、科学评价价值、合理分配价值）的企业。

（6）独特的轮值 CEO 制度和干部领导团队自律宣言。

（7）华为独创的人力资源管理三权分立管理体制（人力资源委员会、人力资源部、党委会）。

（8）华为创始人任正非创造性提出的人才灰度管理理论及自我批判运动[2]。

可以说华为这八个方面的做法，在全球的人力资源管理实践上都是独特的，具有原创性和广泛的标杆引领学习价值。

---

[1] 华夏基石. 平台赋能型自主经营体——华为："铁三角"拉动整个组织向客户倾斜//华夏基石管理咨询集团. 洞察：华夏基石管理评论（第五十二期）. 北京：中国财富出版社，2019.

[2] 彭剑锋：中国企业人力资源管理 40 年最优实践十大案例. https://www.sohu.com/a/284569250_479780，2018-12-26.

第4章 民营企业人才政策分析

良好的营商环境是促进经济发展的有效保障,营商环境涉及面比较广,包括法律、政策、人才、科技和人文等。党的十八大以来,党中央特别重视营商环境的建设,出台了一系列的法律法规和政策措施等,在2016年之后相继发布了《中共中央 国务院关于完善产权保护制度依法保护产权的意见》《中共中央 国务院关于营造企业家健康成长环境弘扬优秀企业家精神更好发挥企业家作用的意见》《优化营商环境条例》《中共中央 国务院关于营造更好发展环境支持民营企业改革发展的意见》等。从中也可以看出国家越来越重视民营企业的发展,其中《中共中央 国务院关于营造更好发展环境支持民营企业改革发展的意见》中特别指出了支持民营企业加强创新,畅通创新人才向民营企业的流通渠道,支持引进海外高层次人才等[34]。

4.1 山东省对民营企业人才的政策分析汇总

山东省在引才方面制定了一系列计划,创新了人才引进计划、项目,实施了"海创山东"人才计划、"外专双百"计划、"齐鲁英才汇聚计划"和"青年人才聚集"计划等。山东省高度重视、精准施策,为民营企业排忧解难,为民营经济营造更好的发展环境:召开了支持非公有制经济健康发展工作会议;举办了全国省级山东商会会长座谈会、青年企业家创新发展国际峰会、招商引资招才引智工作会议等。山东省还启动了"鲁商回归"工程,出台了《中共山东省委 山东省人民政府关于支持非公有制经济健康发展的十条意见》《中共山东省委山东省人民政府关于做好人才支撑新旧动能转换工作的意见》《山东省人民政府关于支持民营经济高质量发展的若干意见》《山东省柔性引进人才办法》等,省委、省政府打出"组合拳",下好"对症药",对于提振民营企业家信心,实现民营经济更大发展,发挥了重要作用。此外,山东省各地市委、市政府也相继出台了一系列人才政策，大力促进人才引进，其中包括济南出台的《关于深化户籍制度改革加快人才聚集的若干措施》、临沂印发的《临沂市柔性引进人才实施办法的通知》、德州出台的《德州市建设协同发展示范区人才支撑计划》、淄博印发的《"淄博精英卡"制度实施细则》和《进一步加强新形势下引才用才工作的若干措施》、东营出台的《关于完善创新人才工作体制机制加快实施人才优先发展战略的意见》、青岛出台的《关于实施人才支撑新旧动能转换五大工程的意见》等。

山东省在召开的会议和出台的政策中，都在有关人才方面做出了明确规定。其中，山东省在招商引资招才引智工作会议中指出，加快设立人才基金，形成政府、单位、个人和社会共同投资人才引进的新机制，同时还要加强人才服务专员队伍建设，真正实现29项服务事项的"一对一""保姆式"全过程代办、精细化服务，打造"互联网+"的人才服务新模式，全面打造留住人才的人文环境；在《中共山东省委 山东省人民政府关于支持非公有制经济健康发展的十条意见》中明确指出要引导非公有制企业加强人才队伍建设，支持引进培养各类专业人才，鼓励大学生到非公有制企业就业；启动了"鲁商回归"工程，从资金、创新、人才等方面加大扶持力度，开通人才引进绿色通道，做好人才培训工作；《山东省人民政府关于支持民营经济高质量发展的若干意见》中指出依托"人才山东网""山东国际人才网"，搭建包括需求发布、在线交流、人才推介等功能于一体的高层次人才供需对接平台，支持引导民营企业引进包括优秀职业经理人、高技术人才在内的各类急需紧缺人才，并指出该项工作由山东省委组织部、山东省人力资源和社会保障厅、山东省科技厅牵头负责，体现了对民营企业引进高层次人才的重视程度；《山东省柔性引进人才办法》中坚持"聚天下英才而用之""不求所有，但求所用"，支持用人单位采取建立离岸创新基地、挂职兼职、技术咨询、周末工程师等多种方式，灵活引进海内外人才，为山东省高质量发展提供有力的人才支撑。

各地市在出台的相关政策中也都明确了人才引进的具体优惠措施等，如济南在2020年4月出台的《关于深化户籍制度改革加快人才聚集的若干措施》中全面放开落户限制、全面实施大学生留济创业就业工程等，旨在进一步吸引聚集更多人才来济南发展创业，加快形成与"大强美富通"现代化国际大都市相匹配的人才聚集效应和人力资源支撑；德州出台的《德州市建设协同发展示范区人才支撑计划》中指出要开展招才引智活动，包括建立高层次人才需求信息库，举办专业性人才推荐会、对接会，并且在公共服务、居留居住、编制保障、配偶安置、子女入学、医疗保健等方面提升服务保障水平；淄博面向淄博高等人才发放"淄博精英卡"，该卡在淄博区域内多个方面可以享受绿色通道服务；聊城在引才引智方面也出台了一系列激励政策，主要在项目、融资、创业、中介、科研、平台等方面提供扶持，并且建立"一站式"服务平台；东营实施了"金蓝领聚财计划"，该计划重点引进五类高技能人才，并且在补助奖励、住房补贴、生活补助、户籍办理、子女入学、配偶就业等方面落实优惠措施；青岛实施了百万人才聚集工程、全民招才引智工程等，将对重点人才工程进行奖励资助，并且对资助标准和资金发放进行了详细说明。

下面对山东省各地市人才政策进行分析汇总。

4.1.1 济南人才政策要点

1. 落户

《全面放开落户限制实施细则》于 2020 年 6 月 1 日正式实施。立足为省会城市经济社会高质量发展和人的全面发展创造积极条件，凡申请落户城镇可根据迁移原因自愿选择，同时对应拓展了落户地址选择，提供了六大落户途径。

第一，拓宽人才途径落户的条件。取消对中专人员、技术技能人员落户条件多的限制，主要包括具有全日制普通中专学历的人员、大专院校的人员、具有特殊职业资格的人员和具有特殊职业技能的人员。如果这几类人员在济南没有房屋产权，可依据自身的意愿在区县级进行人才集体落户、单位集体落户、亲近家属内落户，放宽了在济南落户条件多的限制。

第二，加强发展依托高等院校为载体的落户。积极推动大学生在济南创业就业，积极拓宽高校在校学生落户的人群。在济南读书的普通大专、中专院校学生可以在就读学校进行落户，非驻济南的普通高等院校在校学生可以在济南进行人才集体落户。

第三，按居住途径落户。以合法稳定住所为基本原则，有效解决在济南居住生活人员落户问题，主要包括两类情形落户：第一种是在乡镇拥有合法房屋产权的人员，可以依据产权房屋进行落户；第二种是租赁居住经过住房和城乡建设部门登记备案住房的人员可在租赁住房处进行社区集体落户。

第四，按照人员就业途径进行落户。在济南没有合法的房屋产权或者使用权住房的，可以依据自身意愿在社区或者近亲家属内进行落户，主要针对的人员是录（聘）用、经商、务工、创业人员。

第五，按照投靠途径落户。坚持发扬以人为本的观念，考虑近亲关系，以投亲靠友的方式解决群众落户问题。主要包括配偶、子女、父母、（外）祖父母、（外）孙子女、兄弟姐妹间的投靠，均可按照《全面放开落户限制实施细则》提供的范围和落户地址办理迁移落户。

第六，按其他情形落户。这是对按意愿落户政策提供的兜底落户途径。对通过上述途径仍存在落户障碍的灵活就业人员，可选择在现借住地社区集体户落户。

2. 补贴

自济南市人才工作领导小组办公室批准通过当年起，分别给予 A 类人才每月 5 000 元、B 类人才每月 4 000 元、C 类人才每月 3 000 元、D 类人才每月 2 000 元的生活和租房补贴，最长 5 年；给在济南的博士研究生和硕士研究生最长 3 年的补助，每月分别进行住房补助 1 500 元、1 000 元。

4.1.2 青岛人才政策要点

1. 落户

在青岛的高校在读大学生，以及国内外专科以上学历的大学生在毕业之后都可以在青岛落户。

2. 住房补贴

国内外本科以上的大学生在青岛就业，且落户在青岛都会给予一定的补贴，补贴金额按照学历高低依次是博士研究生每月补助 1 500 元、硕士研究生补助 1 000 元、本科生补助 500 元，住房补贴发放不超过 36 个月。

3. 在青岛就业安家费

国内外毕业的硕士研究生在青岛就业，并取得青岛市户籍的研究生，在青岛市行政辖区内购买首套住房时可以依据学历进行相应的补贴，其中博士研究生补贴 15 万元购房补贴，硕士研究生补贴 10 万元购房补贴。

4. 青年见习补贴政策

即将毕业的大学生、在 16~24 周岁未就业或失业的青年，可在青岛的见习基地参加为期 3~12 个月的就业见习。在见习期间，见习基地可为见习人员提供基本的生活费用，并为见习人员购买人身意外保险。在见习满 3 个月时，见习基地可为见习人员缴纳社会保险，并继续拥有见习补贴至见习期结束。在派遣期内离校并且没有就业的高校毕业生、16~24 周岁未失业的青年参加见习时享受当地工资标准最低 60%的补贴，并且享受每月 15 元的人身意外保险补贴。

5. 实施"金种子"人才贮备工程

在青岛的企业积极在国内"双一流"高校中遴选一批有意愿在青岛创业的优秀大学生，并与该类学生签订"信用合同"，并给予该类优秀大学生一定的学费补助。对于入选"金种子"的在校优秀研究生，可以给予所获奖学金额度 50%的生活补助，如果是国外留学的优秀研究生则给予每年 5 万元的生活补助。企业为"金种子"工程所支付的人才生活补助，由地方财政部门给予企业 50%的费用补贴，企业接受"金种子"工程人才来青岛实习时，财政部门依据上一年度平均工资的 50%给予企业补助，如果实习工资不足社会平均工资的 50%时，则按照实际发放，补贴时间不超过 6 个月。

4.1.3 烟台人才政策要点

1. 落户

2018 年烟台印发了《烟台市人才落户实施细则》，对来烟台人才（本科及以上学历）实行"先落户后就业"政策，实现了人才落户"零门槛"。来烟台就业或者创业的人才可以在当地直接申请登记常住人口，与其同行的配偶或者子女随迁，且不受条件限制。

2. 住房

积极推动人才安居工程建设，努力保障人才安居，到 2020 年底筹集不少于 10 000 套的人才公寓，促使人才来烟台能够拎包入住，并出台了《烟台市高层次人才子女入园入学优惠办法（试行）》，持有"烟台优才卡"人才的子女可在全市范围内选择公办幼儿园和义务教育学校就读。

3. 补贴

2019 年烟台财政拨款资金为 7 800 万元，其中包括"双百计划"奖励补贴 3 000 万元，人才购房补贴 900 万元，引进人才补贴 1 150 万元，蓝色产业领军人才团队奖励 1 000 万元。在以往引进人才政策的基础上，2019 年支持实施"菁英计划"，为烟台新旧动能转换和高质量发展积极面向全国部分重点高校选聘 100 名优秀青年干部人才，博士研究生试用期满后可直接竞聘副高级专业技术职务，并且发放 10 万元安家费、4 万元购房补贴。硕士研究生一次性发放 2 万元购房补贴。外选聘者最高可享受 38 万元补贴，包括一次性 14 万元购房补贴和安家费，挂任科技副县（市、区）长期间每月发放 5 000 元生活补贴。

4.1.4 潍坊人才政策要点

1. 人才工程政策

（1）"一事一议"人才。对新引进的或潍坊自主培养的高精尖人才（团队），分为顶尖人才和领军人才两类，4年管理期内，视人才和项目情况，对于所涉及的项目最高给予5 000万元的经费补助、500万元的住房补贴，以及最高1亿元的创业投资引导基金，最高100万元的贴息补助和最高2 000万元的政策性担保。对于入选省级"一事一议"的顶尖人才，在享受省级政策补助的同时，市级财政也会给予单位最高300万的经费补助[1]。

（2）院士。对住潍坊院士，给予最高600万元生活津贴；对聘任院士，每年按用人单位实际支付其劳动报酬60%的标准给予生活津贴，总额累计不超过300万元；对合作院士，每年按用人单位实际支付其劳动报酬30%的标准给予生活津贴，总额累计不超过100万元。根据住潍坊院士及其团队承担科技创新项目预期经济社会效益情况，为其项目综合资助1 000万元，其中包括500万元的人才资助，股权债权等方式资助500万元[2]。

（3）国家级重点人才工程人选。对通过潍坊申报入选或全职引进的国家级重点人才工程人选，在享受国家支持政策的同时，市级财政再给予每人100万元经费资助[3]。

（4）泰山系列人才工程。通过潍坊申报入选或者全职引进的泰山系列领军人才、泰山学者，在享受省级待遇的同时，市级财政还会给予100万元的经费补助[3]。

（5）鸢都产业领军人才（团队）。为积极推动新旧动能转换和现代化经济体系的建设，每年会遴选50名以上的鸢都产业领军人才，在4年的管理期内，每位领军人才将会获得100万元的经费资助[4]。

（6）鸢都学者。积极推动创新型学术带头人或者专业带头人，入选鸢都学者，在4年的管理期内，每人将获得40万元的市级财政补贴[3]。

（7）有突出贡献的中青年专家。每年选拔一次，每次选拔40名左右，管理期限为4年。管理期内，对潍坊有突出贡献的中青年专家个人由潍坊市人民政府给予每人每月2 000元补贴[5]。

（8）首席技师。每年选拔一批，每批选拔不超过40名，管理期为4年。管

---

[1]《潍坊市"一事一议"引进人才办法（试行）》（潍办发〔2019〕19号）。
[2]《关于认真做好院士服务保障工作的若干措施》（潍组通字〔2019〕1号）。
[3]《关于支持人才创新创业的若干政策》（潍发〔2018〕10号）。
[4]《鸢都产业领军人才（团队）工程实施计划》（潍办发〔2016〕7号）。
[5]《潍坊市有突出贡献的中青年专家选拔管理办法》（潍政发〔2018〕10号）。

理期内,市级财政给予每人每月600元津贴[1]。

(9)潍坊乡村之星。每2年选拔一次,每次人数不超过40名,管理期限为4年。管理期内,每人每月享受市政府津贴600元[2]。

(10)潍坊和谐使者。每2年选拔一次,每次人数不超过40名,管理期限为4年。管理期内,每人每月享受津贴600元[3]。

(11)潍坊名师。面向普通中小学、幼儿园、职业中学的在职教师,每3年评选一次,每次评选30人,每届任期3年。潍坊市人力资源和社会保障、财政、教育部门审核认定为潍坊名师[4]。

(12)基层统计人才。每2年选拔一批,首批选拔不超过100名,以后每批选拔不超过40名。每人享受6 000元一次性政府补助[5]。

(13)潍坊民间艺术大师。每2年选拔一批,每批15名,管理期为4年。管理期内,给予每人每年3 000元补助资金[6]。

(14)卫生健康领域人才工程。

a. 潍坊名医名护、名药师、名技师及首席公共卫生专家:支持鼓励申报国家课题项目、省级课题项目及市级课题项目,对于重大的课题项目将优先给予立项支持;条件允许的,所在单位可给予每人每月不超过1 000元的补贴,公立医院补贴资金纳入单位薪酬总额[7]。

b. 潍坊市名老中医、名中医、基层名中医:结合医院实际给予每位名医一定数额的经费补助,每年要组织名医进行一次健康查体,所需经费由名医所在单位负责[8]。

c. 潍坊市基层名医:按每人6 000元标准发放一次性补助[9]。

d. 中医药人才:对全职引育的顶尖人才、领军人才、高端人才,按人才年薪的60%给予用人单位引才薪酬补助,每年分别为最高100万元、80万元、60万元[10]。

(15)博士(后)。对于高等院校、企业、医院及科研机构引进的博士研究生,以及来潍创业的博士研究生,年龄在45岁之内的将会获得为期5年的财政补助,

---

[1] 《潍坊市首席技师选拔管理办法》(潍人社〔2016〕74号)。
[2] 《潍坊乡村之星选拔管理办法》(潍农字〔2016〕27号)。
[3] 《潍坊和谐使者管理办法》(潍民字〔2017〕48号)。
[4] 《关于在全市教育系统评选"潍坊名师"的意见》(潍人字〔2006〕152号)。
[5] 《潍坊市基层统计人才培育工程实施办法》(潍统字〔2018〕39号)。
[6] 《关于评选扶持"潍坊民间艺术大师"的实施意见》(潍人才办字〔2012〕21号)。
[7] 《潍坊名医、名护、名药师、名技师和首席公共卫生专家选拔管理办法》(潍卫发〔2019〕6号)。
[8] 《潍坊市中医药名医工程实施方案》(潍卫发〔2016〕17号)。
[9] 《潍坊基层名医选拔管理办法》(潍政办字〔2019〕2号)。
[10] 《关于推进中医药人才队伍高质量发展的若干措施》(潍政办字〔2019〕116号)。

每月补助 3 000 元。对于刚进入研究站的博士后，根据其实际工作的月数，将会获得为期 2 年的生活补助，每月补助 2 000 元；对于离开研究站留在潍坊的科研人员每人将会获得 20 万元的科研启动资金[①]。

对来潍坊自主科技创业的博士（后），从纳税之月起，以上缴税金地方留成部分为标准，3 年内最高给予 100 万元的科技创业项目资助[②]。

（16）大学生。对于潍坊企业新引进的硕士研究生，以及在潍坊进行创业的硕士研究生，每人将会获得 3 年的生活补助，每个月补助 1 500 元。对于引进的普通本科毕业生将会获得每个月 500 元的生活补助，为期 1 年，对于引进的"双一流"大学毕业生将会获得为期 3 年的补助，每月补助 500 元[②]。

2. 人才培养政策

（1）对于在潍坊企业中获得职业技师、高级技师资格证书的人员，每人将会获得 1 500 元、2 000 元的培训补贴；在潍坊职业技术院校学习期间取得高级工、预备技师职业资格证书的人员，将会分别获得 500 元、1 000 元的补助[③]。

（2）组织实施十百千"杏林"人才培养计划，3 年内，培养选拔在国内、省内具有较高学术影响力、对中医药发展发挥引领带动作用的中医药"金杏"高端领军人才 10 名以上，培育选拔具有扎实中医药理论基础、精湛临床技术能力、科研创新水平高的中医药"银杏"重点骨干人才 100 名以上，培养选拔具有较强中医药理论基础和中医临床思维、继承老中医药专家学术思想、临床经验较丰富、能够追踪中医药科技新动向的中医药"青杏"优秀年轻人才 1 000 名以上。用人单位可根据实际，给予上述中医药人才一定经费资助[④]。

3. 人才评价政策

在省、部级以上获得奖励的人员，包括领导制定或者修订国内外技术标准、取得重大创新成果或做出突出贡献的科研人员，将获得潍坊审查高级职称的科技创新人才的资格，评价方式将按照以"一事一议"的方式进行评聘。在公司生产中具有高超技能和杰出表现的工人可以破格申请专业资格的技术员或高级技术员[⑤]。

推动高等学校、科研院所和国有企业自主评聘工作，强化事中事后监管。外语和计算机应用能力测试成绩不是评估专业职称的必要条件。进一步简化非公有

---

① 《潍坊市大学生生活补助经费发放办法》（潍人才办字〔2018〕5 号）。
② 《关于落实减税降费政策进一步减轻企业负担的实施意见》（潍政发〔2019〕8 号）。
③ 《潍坊市高技能人才奖励补助发放细则（试行）》（潍人社发〔2016〕82 号）。
④ 《关于推进中医药人才队伍高质量发展的若干措施》（潍政办字〔2019〕116 号）。
⑤ 《关于深化人才发展体制机制改革的若干意见》（潍发〔2016〕34 号）。

制经济组织和社会组织申请职称审查的渠道[①]。

4. 人才激励保障政策

（1）鸢都友谊奖，通过潍坊申报并获得鸢都友谊奖的外国专家，市级财政给予2万元一次性奖励[②]。

（2）对于获得国家科学技术奖以上的团队将会获得1 000万元的奖励；对于获得科学技术奖二等奖、省级科学技术奖一等奖、省科学技术奖一等奖的团队，将获得100万元的奖励[③]。

（3）对获得国内外发明专利授权的专利权人，每件给予2 000元、1万元补助[③]。

（4）对于获得世界技能大赛、国家级技能大赛奖励的团队或者个人，将会获得2万~50万元的奖励[④]。

5. 人才平台载体政策

1）科技创新平台

（1）支持行业骨干企业联合高等学校、科研机构共建工程技术研究中心、重点实验室、新型研发机构等创新载体，推动产学研协同创新。对于新认定的国家级、省级技术创新中心将会获得200万元和40万元的财政补助。对于国家或者省级认定的研究院士工作站、博士后流动站、博士后工作站等科研院所，由财政分别给予20万元、10万元的奖励[⑤]。

（2）为创建国家级、省级、市级技能大师培训站的单位，分别奖励10万元、5万元、2万元的补助[⑥]。

2）创业孵化平台

（1）对国家级孵化器达到每年毕业企业30家以上的，市财政一次性给予100万元补助；对省级孵化器达到每年毕业企业10家以上的，市财政一次性给予50万元补助。对经认定的市场化主导的市级众创空间，给予50万元资助[⑦]。

（2）对经各县级人力资源和社会保障部门发文确认新纳入扶持范围的创业孵化平台，按照认定之日起根据实际孵化成功企业户数，给予每户1万元的创业孵

---

① 《关于深化人才发展体制机制改革的若干意见》（潍发〔2016〕34号）。
② 《潍坊市引进海外专家计划实施细则》（潍人社〔2016〕53号）。
③ 《关于落实减税降费政策进一步减轻企业负担的实施意见》（潍政发〔2019〕8号）。
④ 《潍坊市高技能人才奖励补助发放细则（试行）》（潍人社发〔2016〕82号）。
⑤ 《关于落实减税降费政策进一步减轻企业负担的实施意见》（潍政发〔2019〕8号）。
⑥ 《潍坊市高技能人才奖励补助发放细则（试行）》（潍人社发〔2016〕82号）。
⑦ 《关于深化科技体制改革加快创新发展的实施意见》（潍发〔2016〕35号）。

化补贴，每个创业孵化平台补贴期限最长不超过 3 年①。

3）人力资源服务平台

获得国家级、省级人力资源产业园资格的，将会获得 200 万元和 100 万元的财政补助；对于获得国家级、省级人力资源资格的企业将会获得 20 万元、10 万元的财政补助；国际一流人力资源服务机构地区总部资助标准为 20 万元、国内行业排名前 50 强（含第 50 名）的人力资源服务机构地区总部资助标准为 10 万元、国内行业排名 51~100 强（含第 100 名）的人力资源服务机构地区总部资助标准为 5 万元②。

4）科技金融服务平台

对合作银行开展"人才贷"业务形成不良贷款的损失补偿，市级风险补偿资金按贷款本金市级损失额的 50%给予补偿③。

6. 人才服务政策

（1）根据高层次人才实际需求，原则上按以下标准提供免租住房：顶尖人才租赁住房面积一般不低于 190 平方米，免租金，或享受最高 25 000 元/月的租房补贴；领军人才租赁住房面积最高 160 平方米，免租金（最长期限 3 年），或享受最高 3 000 元/月的租房补贴（最长期限 3 年）；高端人才租赁住房面积最高 120 平方米，免租金（最长期限 3 年），或享受最高 2 000 元/月的租房补贴（最长期限 3 年）。顶尖人才全职在潍坊工作满 10 年，可无偿获赠免租住房④。

（2）允许开发企业将已批地未开工、在建、建成的商业用房、写字楼等在符合住宅日照要求和相关设计规范的前提下改为人才租赁住房。土地使用年限和容积率不变⑤。

（3）支持人才集聚的企事业单位、产业园区（产业技术研究院）等利用自有产权待建土地建设研发中心、产业配套住房、人才（职工）公寓等，非生产用房建筑面积占总建筑面积的比例不超过 15%。人才（职工）公寓产权为建设单位自有，不能对外销售或面向职工销售⑤。

（4）县市区（市属开发区）应按照本地人才住房实际需求，由国有城投公司等投融资平台通过购买、租赁、改建、新建等方式，统筹一定数量的人才租赁住房（人才公寓），形成稳定的人才住房房源⑤。

---

① 《关于落实创业孵化平台扶持政策的通知》（潍人社字〔2019〕50 号）。
② 《做好支持引育人力资源服务平台资助工作的通知》（潍人社函〔2019〕13 号）。
③ 《潍坊市"人才贷"风险补偿资金管理暂行办法》（潍金监发〔2019〕43 号）。
④ 《潍坊市高层次人才租赁住房管理办法（试行）》（潍组通字〔2019〕2 号）。
⑤ 《关于落实减税降费政策进一步减轻企业负担的实施意见》（潍政发〔2019〕8 号）。

（5）符合申请住房公积金个人贷款条件的高层次人才，在潍坊首次购房申请住房公积金贷款的，享受最高额度80万元的优惠政策，贷款最高额度不再与账户余额挂钩[①]。

（6）高层次人才的配偶属于公务员或者事业单位人员的，由人事部门根据其配偶对口专业协调其工作，如果属于企业工作人员的，原则上由其当地的用人单位进行安排负责；如果存在暂时未就业的，将会获得一定的生活补助，补助标准将不会低于当地社会的平均工资标准，对其补助的年限为3年[②]。

（7）高层次人才子女办托入学问题，由当地教育部门依据本人意愿协调安排[②]。

（8）高等院校、中等职业院校的全日制在校生、毕业生，或者具有同等学力的人员或者留学人员、高级技工、技术人员可以选择购房落户政策，也可以选择在工作单位或者工作地、居住地进行集体落户，努力达到人才落户的"零门槛"；对于潍坊籍高校毕业的大学生如果想要回乡创业可将其户口迁回原籍；人才配偶、子女申请落户的，可随同迁入[③]。

（9）被列为市级重点企业的法人代表和党委书记，在医疗保健方面，与纳税地政府部门正职享受同等待遇，其中实缴税金过亿元的，享受市级领导干部医疗保健待遇，所需费用由纳税地财政部门承担[④]。

（10）对于海内外设立的人才联络站，根据其引进人才的数量将会获得潍坊市财政局2万~15万元的财政奖励[⑤]。

7. 支持用人单位发展政策

（1）对于新引进的海内外知名人才在短时间内获得较大成果的单位，依据用人单位的聘用数量、聘用年限、聘用薪酬等状况给予最高50万元的财政补助[⑥]。

（2）对于入选国家"万人计划"的专家一次性奖励20万元，对于入选泰山系列的人才奖励10万元，如果奖励主要企业的负责人则不会超过50万元。

近几年人才政策的频繁颁布，一定程度上体现了山东省在人才方面的需求及重视，山东省在新旧动能转换的重要时期，意识到人才是不可或缺的一种推动力量，是民营企业可持续发展的重要因素。同时，山东省的海洋强省建设、打造乡村振兴齐鲁样板、打造对外开放新高地等一系列重大部署也在全面展开，为民营企业的发展提供了更为广阔的舞台，将有效促进民营企业发展活力持续释放，产

---

① 《支持高层次人才申请住房公积金个人住房贷款实施细则》（潍公积金〔2019〕22号）。
② 《关于支持人才创新创业的若干政策》（潍发〔2018〕10号）。
③ 《关于进一步放宽引进人才落户政策的通知》（潍公传发〔2018〕185号）。
④ 《关于市级重点企业管理有关问题的通知》（潍发〔2004〕13号）。
⑤ 《中国·潍坊海内外人才工作站管理办法》（潍人社规〔2018〕5号）。
⑥ 《潍坊市引进海外专家计划实施细则》（潍人社〔2016〕53号）。

业转型加速发力，综合实力日益增强。

4.2 先进省（市）民营企业人才政策及优秀做法借鉴

2018 年 11 月 1 日召开的全国民营企业座谈会，主要目的是积极支持民营企业的发展，因此各省（区、市）纷纷出台促进民营企业发展的政策。截至 2020 年底，已经有 22 个省（区、市）推出促进民营企业发展的政策，这些政策主要侧重于给民营企业降税，缓解民营企业融资难的问题，积极创造优良的营商环境，增强民营企业的市场竞争力，积极维护民营企业的合法权益，在多个角度给予民营企业支持。帮助民营企业解决用人难的问题，积极推动民营企业人才引进，帮助解决人才落户问题、就医问题、子女入学问题，各地的人才政策呈现出以省会为主，强化引才和多维补贴、筑巢引凤的特点。

4.2.1 天津市人才政策及优秀做法

1. 人才落户限制方面

（1）在全日制普通院校获得本科学历，35 周岁以下（其中包括 35 周岁）的外省（区、市）人员或者其户口在天津市高等院校已经集体落户的，被天津市的企业或者事业单位招聘录用的，且在天津市依法缴纳社会保险的可申请落户。

（2）获得硕士研究生学历且年龄在 45 周岁以下的外省（区、市）人员，被天津市的企业、事业单位、个体经济组织聘用的人员，且在天津市依法缴纳社保的人员可依法申请落户。本人或者父母、配偶子女在天津市有固定住所的，其配偶及 18 周岁以下（含 18 周岁）子女可以随迁落户。

2. 对于天津市急需的各类人才落户限制

1）学历型人才落户

在我国全日制普通高校毕业的大学本科生要求年龄在 40 周岁以下,硕士研究生要求年龄在 45 周岁以下，博士研究生不受年龄限制，只要提供身份证和学历证书就可以办理落户手续。

2）技术型人才落户

（1）在天津市用人单位就业，高等职业院校毕业并工作满1年，或中等职业院校毕业并工作满3年，具有高级职业资格、年龄不超过35周岁即可办理落户。

（2）具有技师职业资格证书，年龄不超过40周岁。

（3）具有高级技师职业资格证书，年龄不超过50周岁的即可办理落户。

3）技师创业型人才落户

来天津市创办符合天津产业政策导向的企业创业者，企业稳定运行超过1年，创业者累计缴纳个人所得税10万元以上。创业团队核心人才不受年龄限制。

4）资格型人才落户

获得副高级及以上职称资格的资格型人才，拥有国内外精算师、金融风险管理师、特许金融分析师、注册税务师、注册会计师、注册勘察设计工程师、注册建筑师、注册资产评估师、律师等职业资格的资格型人才，取得中国民用航空局颁发的飞机驾驶执照人员可直接办理落户。

5）急需型人才落户

对于人工智能、生物医药、新能源新材料、新一代信息技术、高端装备制造、数字创意、航空航天、节能环保等战略性新兴产业领域的领军企业所急需的人才，由企业确定[①]。

3. 人才补助方面的政策

1）加强对高层次产业人才的扶持

对高层次产业的创业领军人才给予最高1 000万元的科技成果补助资金和最高200万元的奖励资助。

对于高端产业的创业人员将获得最高50万元的创业开启资金。

积极推动"111"企业家队伍建设工程，具体目标是培养100名杰出企业家，每人将获得100万元的补助，支持培养1 000名新型企业家，培养10 000名优秀企业家。

2）加强创新创业平台建设

新认定的国家培训基地将获得500万元的经费资助。

对获认定的市级留学人员创业园，给予一次性200万元经费资助。

对企业研发平台由市级升为国家级的，给予最高100万元经费资助。

对国家级人力资源服务产业园，给予500万元经费资助。

---

① 2021年天津市人才引进补贴政策. https://tianjin.chashebao.com/shiye/20938.html，2021-07-26.

3）建设高技能人才队伍

（1）对世界技能大赛获奖者或专家教练组长、中华技能大奖获得者、国家级技能竞赛一等奖获得者、全国技术能手等高技能人才，给予最高50万元奖励资助。

（2）每年选派100名高级技师赴境内外研修，给予每人最高10万元经费资助。

（3）每年评选10名"海河工匠"，给予每人20万元奖励资助。

4）引育高层次创新人才

（1）鼓励行业领军企业自主评聘高层次人才。

（2）给予完成、转化科技成果做出重要贡献的人员不低于50%的奖励。

（3）对于参加重大学术交流，并且取得创新成果奖的高端人才，每年将给予最高3万元的经济补助。

（4）对于国内外顶尖人才可以采取一人一策的方式进行，给予最高1000万元的科研经费资助和最高200万元的奖励费用。

（5）对于行业中的领军人才最高给予200万元的经费资助。

（6）对于国内外行业中的高端人才给予最高100万元的经费资助。

（7）对于青年人才，根据不同群体，可以连续3年给予每年15万元经费资助，或给予一次性20万元奖励资助等。

5）集聚急需紧缺专业人才

（1）对于国内外的高教人才最高给予自然科学和工程技术学科的特聘教授100万元、人文社会科学特聘教授50万元配套经费。

（2）对于入选"五个一批"工程的宣传文化人才，给予每人每年4万元经费资助。

（3）对于医学人才，最高给予每人每年120万元经费资助。

（4）对于取得精算、金融、法律等资格的高端人才，最高给予10万元奖励资助[①]。

在租房和住房补贴方面，企业内部引进的本科及以上人员，成功在天津市落户将连续3年发放租房和生活补贴，其中大学本科生每年1.2万元，硕士研究生每年2.4万元，博士研究生每年3.6万元。面向全国选聘10名应届博士研究生，除正常工资和津贴外，最高可享受38万元补贴。

---

① 2021年天津人才补贴最新政策，天津人才引进购房和生活补贴标准. http://m.creditsailing.com/GuoJiaZhengCe/806477.html，2020-09-20.

4.2.2 上海市人才政策及优秀做法

2020年11月5日，上海市人民政府印发的《上海市引进人才申办本市常住户口办法》规定[①]，用人单位引进的人才在沪工作稳定且依法参加社会保险，符合下列条件之一的，可以申办上海市常住户口。

1. 高层次人才

（1）具有博士研究生学历并取得相应学位或具有高级专业技术职务任职资格的专业技术人员和管理人员。

（2）获得省部级及以上政府表彰的人员。

（3）列入省部级及以上人才培养计划的人选。

（4）国家重大科技专项项目、国家重点研发计划项目和本市重大科技项目负责人及其团队核心成员。

2. 重点机构紧缺急需人才

（1）重点机构所需的具有硕士研究生学历并取得相应学位的人员。

（2）重点机构紧缺急需的具有本科及以上学历并取得相应学位的专业技术人员、管理人员和创新团队核心成员等核心业务骨干。

（3）重点机构紧缺急需的具有国家二级职业资格证书或技能等级认定证书（技师）的技能类高技能人才。重点机构是指本市重点产业、重点区域和基础研究领域经行业主管部门和重点区域推荐的用人单位，并实行名单管理和动态调整。

3. 高技能人才

（1）获得中华技能大奖、全国技术能手称号、国务院特殊津贴、世界技能大赛奖项等荣誉的高技能人才。

（2）取得国家一级职业资格证书或技能等级认定证书（高级技师）的技能类高技能人才。

（3）取得国家二级职业资格证书或技能等级认定证书（技师）且获得国家及省部级以上技能竞赛奖励的技能类高技能人才。

4. 市场化创新创业人才

（1）获得一定规模风险投资的创业人才及其团队核心成员。

[①] 上海市人民政府关于印发《上海市引进人才申办本市常住户口办法》的通知. https://www.shanghai.gov.cn/nw12344/20201123/c6bfbdba6f2346b1a40d7f5b4d776ac6.html，2020-11-23.

（2）在上海市取得经过市场检验的显著业绩的创新创业中介服务人才及其团队核心成员。

（3）在上海市管理运营的风险投资资金达到一定规模且取得经过市场检验的显著业绩的创业投资管理运营人才及其团队核心成员。

（4）市场价值达到一定水平的企业科技和技能人才。

（5）取得显著经营业绩的企业家人才。

5. 专门人才和其他特殊人才

（1）上海市航运、文化艺术、体育、传统医学、农业技术及其他特殊行业紧缺急需的专门人才。

（2）上海市各区和重点区域自主审批的紧缺急需人才。

（3）其他紧缺急需、确有特殊才能的人才。

上海市人民政府有关部门根据上海市经济社会发展，及时调整人才引进重点支持范围。

上述办法自 2020 年 12 月 1 日起施行，有效期至 2025 年 11 月 30 日。

4.2.3 广东省人才政策及优秀做法

2018 年 11 月，广东省第十三届人民代表大会常务委员会第七次会议通过了《广东省人才发展条例》，条例中明确指出了关于广东省人才培养开发、人才引进与流动、人才评价与激励、人才服务与保障等方面的具体内容。

为了更好地引进人才，广东省将放开除深圳和广州之外的落户限制，这意味着佛山、珠海、中山、惠州、江门、肇庆等多个广东省内城市的落户都不再受限制。

2020 年 7 月，东莞发布了人才新政，通过了《东莞市人才安居办法（试行）》。这是东莞首次出台系统性的人才安居规范性文件，其中提出六类人才安居办法。

《东莞市人才安居办法（试行）》建议采用两种形式的实物分配和货币补贴来安置人才。实物分配包括向人才配租配售人才住房、公共租赁住房等；货币补贴包括向人才提供购房补贴、租金补贴、综合补贴、租金优惠等。

《东莞市人才安居办法（试行）》阐明人才安居的对象和标准：具有全日制本科及以上学历（含教育部认可的境外高等院校毕业的归国留学人员），或具有大专学历或中级技工及以上职业资格、被东莞市人力资源社会保障局列入紧缺人才，或符合东莞市研发人才引进培养条件，且与东莞市用人单位签订聘用合同（无合同但符合安居对象条件的公职人员以入编卡、社保证明等材料替代）或服务协议的各类人才，以及符合学历、技能等条件在东莞市创业的人才，属于《东莞市人才安居办法（试行）》规定的人才范畴，可纳入东莞市人才住房政策适用范围。

在高层次人才方面，顶尖人才可以享受200平方米左右免租8年的人才住房，在东莞专职工作满8年、贡献突出的人才可无偿获赠该住房。特殊人才将获得最高250万元的购房补贴或3年每月最高5 000元的房租补贴。高层次人才包括创新人才、高技能人才、新就业人才和新入户人才。

此外，广州市黄埔区还放宽了限购政策。根据《广州市黄埔区住房和城乡建设局 广州开发区建设和交通局关于完善人才住房政策的通知》：经广州市黄埔区认定的在该区连续工作半年以上的各类人才，可不受户籍限制，在该区范围内购买1套商品住房；在该区工作，持有广州人才绿卡或经广州市黄埔区认定的杰出人才、优秀人才、精英人才、名校（园）长、名教师、优秀医学专家、黄埔工匠，其父母、配偶父母、成年子女均可在该区范围内购买1套商品住房；港澳居民在该区范围内、在中新广州知识城工作的新加坡居民在中心广州知识城范围内购买商品住房享受与广州户籍居民同等待遇。

关于深圳的人才安置和购房补贴，就安置而言，只要具有大专以上学历，不满35周岁并缴纳了深圳市社会保障金，就可以申请在深圳落户。在生活补助方面，本科学历可获得补助15 000元，硕士学位可获得25 000元，博士学位可获得30 000元，并且是一次性发放；在租金方面，将提供30万套人才住房，解决住房困难。对于应届毕业生和硕士学位以上的毕业生，可以优先考虑租用。这在租金昂贵的深圳非常有利。

4.2.4　浙江省人才政策及优秀做法

杭州作为浙江省省会城市，在吸引人才方面力度很大。关于杭州落户政策，2019年5月，杭州正式发布了全日制大学专科（含高职）和全日制本科学历人才落户政策。资料表明，年龄35周岁以下的全日制大学专科（含高职）学历及45周岁以下全日制本科学历人才，在杭州工作并由用人单位正常缴纳社保的，可申请办理落户。2020年2月，杭州市余杭区为了引进人才，出台了"招才十条"。

1. 支持对象

适用于在杭州市余杭区依法登记注册，具有独立法人资格的企业单位科研机构和其他社会组织。

所指人才为企业从杭州市余杭区外首次引进、新型冠状病毒肺炎疫情控制前实际到岗、签订劳动合同、在杭州市余杭区参保或缴纳个税的人才；自主创业人才；在校大学生；应届高校毕业生；等等。

2. 开展"智汇余杭"云招聘

依托余杭人才服务网、杭州市就业网等网上平台，为企业和求职者提供24小时免费的线上招聘求职服务。推出人才招聘码，开辟科研和管理人才（金码）、专技人才（银码）、高校毕业生（青码）、见习实训（铜码）等招聘专区，通过扫码招聘、远程面试等非现场形式，引导企业和人才精准对接。重点对接浙江省内外知名重点高校、高职院校，开展"智汇余杭名校行"线上引才活动，加大对杭州市余杭区形象、引才政策、企业品牌和岗位需求的宣传，吸引各类人才来该区就业创业。

3. 给予企业引才奖励

对企业从区外招引人才的（往届生在疫情结束前签订劳动合同；应届毕业生在新型冠状病毒肺炎疫情控制前签订就业意向，年底前签订劳动合同），按照大专生1 000元、本科生1 500元、硕士研究生2 000元、博士研究生3 500元每人标准，给予企业引才奖励。企业引才奖励按就高不重复原则执行。

4. 鼓励中介引才荐材

人力资源服务机构、猎头公司等中介机构为区内企业成功引进年薪20万元以上高端人才的，按年薪0.5%的比例给予中介机构引才奖励，每家累计最高50万元。鼓励中介机构加大顶尖人才和领军人才引进工作，视成功引进的人才等级给予5万~100万元一次性奖励，对引进高层次人才数量较多的，授予"千里马引才驿站"资格。中介机构引才奖励按就高不重复原则执行。

5. 吸引大学生来杭州市余杭区就业

新型冠状病毒肺炎疫情控制前通过线上人才招聘来到杭州市余杭区就业的高校毕业生和企业急需的高级工以上技能人才，按照浙江省内200元/人，华东地区500元/人，华东地区以外800元/人标准给予交通补贴。对于人才相对集聚的城市，开通来杭州市余杭区专列、包车、包机等，尽快实现企业急需的人才批量安全输入。对新引进的全日制博士研究生、硕士研究生、本科应届毕业生给予3年最高8万元、6万元、4万元生活安家补贴，毕业7年内高校毕业生给予最高5万元一次性生活补贴。在杭州市余杭区工作的35周岁以下、全日制大专以上毕业生（本科放宽到45周岁以下）可直接办理落户手续。

6. 保障大学生实习无忧

新型冠状病毒肺炎疫情控制前来杭州市余杭区实习的大学生，按照浙江省内

200 元/人，华东地区 500 元/人，华东地区以外 800 元/人的标准给予交通补贴。对来该区参加实习的大学生，实习期间给予 2 000 元/月的生活补贴。支持企业建立大学生见习训练基地，对吸引在校大学生来该区参加见习的，按杭州市区最低月工资标准 70%的标准给予企业补助。对见习实训期满后企业招用的，按 1 500 元/人给予企业一次性招用补贴。

7. 开通人才认定"绿色通道"

对新型冠状病毒肺炎疫情控制前来杭州市余杭区创新创业的人才，在其他地区已纳入区（市）以上人才计划，且符合杭州市余杭区人才认定条件的，可简化相关程序，认定为相应层次区级人才，加快相关人才政策兑现。

8. 加强人才住房保障

首次到杭州市余杭区就业创业的大专以上高校毕业生和中级以上技能人才，注册"杭州健康码"后，需进行医学观察的，由属地统筹人才公寓、酒店式公寓、快捷酒店等实物房源，提供 2 周免费住宿；经人力资源和社会保障部门预审符合高层次人才认定标准的，由属地解决新型冠状病毒肺炎疫情控制前的住宿问题，疫情结束后参照相应等次人才标准给予 1 600~4 000 元/月的住房租赁补贴。

9. 鼓励开展线上职业培训

为企业免费提供线上培训平台，企业开展高技能人才线上培训的，按照取得高级工、技师、高级技师职业资格证人数，分别按每人 600 元、800 元、1 000 元的标准给予补助。对新评定为高级工、技师的个人分别给予 2 000 元、5 000 元一次性奖励，新评定的高级技师给予 3 年每月 1 000 元补助。对企业自行开发平台或委托第三方培训的，培训结束后可按相关规定按实际培训费用不超过 95%比例给予补贴，原则上每人每个培训项目培训费用不超过 800 元。

10. 优化"人才一件事"服务

建立"人才一件事线上专窗"，推出人才服务业务"不见面"办理，以"咨询+网办、掌办+快递办+代办+特殊事项预约办"等多重服务形式，实现"数据多跑路、人才少跑路"。建立人才诉求快速响应机制，充分发挥人才服务专员作用，为人才提供代办（协办）服务，及时帮助人才解决在工作、生活、科研等方面的需求。

浙江省绍兴市上虞区也展开了"抢人"大战，根据该区的《促进高校毕业生就业创业实施办法》，只要有普通全日制本科以上学历的应届毕业生来绍兴市上虞区定居，即使找不到工作，也可以申请每月 1 000 元的补助。2020 年后，在绍兴市上虞区毕业或首次引进的博士研究生将获得50万元的房费补贴。

2022年2月17日，国家发展和改革委员会举行新闻发布会，介绍支持浙江省高质量发展建设共同富裕示范区推进情况。浙江省人力资源和社会保障厅副厅长陈中在答记者问介绍，为鼓励大学生创业，浙江大学生如果创业失败，贷款10万以下的可由政府代偿。陈中表示，高校毕业生是宝贵的人才资源，浙江始终坚持把高校毕业生就业工作当作人才工作来抓，从来没有把他们当作包袱、压力、负担，而是把他们作为优质的资源来配置、引进、使用和储备。2022年，全国高校毕业生超过1 000万人，对浙江来说是一个很好的大力引进高校毕业生的机遇。

浙江的高校毕业生就业政策比较丰富。除了杭州市区外，全面放开专科以上学历毕业生的落户限制，杭州的落户条件为本科及以上学历。高校毕业生到浙江省工作，可以享受2万元到40万元不等的生活补贴或购房租房补贴。大学生想创业，可贷款10万元到50万元，如果创业失败，贷款10万元以下的由政府代偿，贷款10万元以上的部分，由政府代偿80%（在实施办法中还明确了追偿和核销机制，代偿后原则上要予以追偿，但对实在没有能力予以偿还的，按规定程序经审批后从创业担保基金中核销）。大学生从事家政、养老和现代农业创业，政府给予10万元的创业补贴，大学生到这些领域工作，政府给予每人每年1万元的就业补贴，连续补贴3年。大学生到浙江实习的，各地提供生活补贴。对家庭困难的毕业生，发放每人3 000元的求职创业补贴。

而在更早之前的2015年，为了贯彻落实《国务院办公厅关于发展众创空间推进大众创新创业的指导意见》（国办发〔2015〕9号）和《国务院关于进一步做好新形势下就业创业工作的意见》（国发〔2015〕23号），浙江省人民政府出台了《关于支持大众创业促进就业的意见》（浙政发〔2015〕21号）。政策规定，有创业要求、具备一定创业条件但缺乏创业资金的在校大学生、城乡劳动者创办个体工商户（含经认定的网络创业），可申请不超过30万元的贷款；合伙经营或创办企业的，可适当提高贷款额度。2018年，浙江省人民政府又出台了《关于做好当前和今后一个时期促进就业工作的实施意见》（浙政发〔2018〕50号），将贷款最高额度提高到50万元。2015年出台该政策的主要目的是通过建立创业担保基金代偿这一容错机制，减轻包括大学生在内的重点群体创业的负担和顾虑，营造鼓励创业、宽容失败的氛围，解决好包括大学生在内的重点群体想创业没有钱、想提升创业能力没人帮、创业失败没人管等问题。政策规定，所有在浙江省初次创业人员都可以申请创业担保贷款。其中，在校大学生或毕业5年以内的高校毕业生（含大专）、登记失业半年以上人员、就业困难人员、退役军人、持证残疾人等5类人员可申请由政府设立的创业担保基金提供担保的贷款。申请创业担保贷款须经两道程序审核把关：一是由人力社保部门组织专家对创业项目审核，通过后为大学生出具由创业担保基金担保的贷款资格认定证明；二是大学生凭资格认定证明及有关材料，向经办银行提出贷款申请，经办银行再对大学生创业项目情况、信用状况、偿债能力等进行调查。审核通过后，政府设立的创业担保基金为大学生提供担保，经办银行向大学生发放贷款。大学生按期还清贷款本息后，凭经办银行出具的还款证明材料，向人力社保部门申请贴息。

浙江省的平台经济比较发达，各种新就业形态快速发展，浙江省非常关注新就业形态劳动者的劳动保障问题。2021年，浙江省专门出台了维护新就业形态劳动者劳动保障权益的实施办法，主要是放开了灵活就业人员在就业地参加企业职工基本养老保险、基本医疗保险的户籍限制，支持新就业形态劳动者单险种参加工伤保险。

当前，浙江省正在谋划构建共富型高质量就业创业体系，努力打响"创业就业在浙江"品牌，帮助重点群体提升就业质量，加快推动实现共同富裕。

第 5 章　数字经济时代的企业人力资源管理变革：从管控到赋能

5.1　数字经济发展状况

5.1.1　全球数字经济发展状况

数字经济这一概念由经济合作与发展组织（Organization for Economic Co-operation and Development，OECD）于 20 世纪 90 年代首次提出，目前还没有明确的定义。2016 年 G20 杭州峰会发布的《数字经济发展与合作倡议》中指出，数字经济是指一系列的经济活动，这些活动以信息网络作为载体、以数字化的知识和信息作为生产要素，通过信息技术来优化经济结构等。早在 20 世纪 90 年代，OECD 就已经开始追踪记录各个国家的数字经济发展状况，可以说在这方面经验丰富。2017 年，OECD 在发布的《2017 年 OECD 数字经济展望》中，对全球数字经济的发展趋势、相关政策及进行数字化转型对社会的影响等方面进行了详细的阐述，同时，联合国也发布了《2017 年信息经济报告：数字化、贸易和发展》，其中也对全球数字经济的发展进行了详细分析。

有研究表明，全球正在逐步进入数字时代，数字经济的发展能够为经济发展带来全新动力，根据 OECD 发布的报告，全球信息技术产品和服务创造了 GDP 总量的 6.5%，为大约 1 亿人口提供了就业机会。2016 年，全球 3D 打印机达到 45 万台，同比增长超过一倍，可见信息科技产品的市场规模也逐步扩大。信息通信技术在数字经济时代已经成为人们日常生活和科技创新的重要领域，一方面，对 OECD 成员国的研究发现，各国都在对数字基础设施进行不断完善以应对未来数据升级的需求；另一方面，信息通信技术作为创新的关键驱动力量已经成为科技创新领域关注的热点，如超过 30% 的专利申请属于信息通信技术领域、美国 2016 年 70%以上的风险投资进入信息通信技术行业，由此可以看出各个国家对信息通信技术的发展是非常重视的。数字经济在社会和经济进行转型中的重要推动作用，已经引起各国高度重视，各国为了推进数字经济发展水平，都制定了相应的发展战略和政策。"国家数字化战略"在各国正在逐步推进，总的来说其具体措施主要有以下三个方面。

第一，政府服务通过内化信息通信技术工具和提供在线服务率先进行数字化变革，发挥引导作用。一方面，政府可以实行电子政务，在线处理一些行政请求；另一方面，发达国家政府为了加大对数字资源的深度应用，采取推进文化资源数字化共享和图书馆在线阅览等措施。

第二，OECD 成员国在数字创新环境方面，为创新网络的实施提供了政策支持和便捷的融资渠道。但是，由于数字经济市场的不确定性，各国政府缺乏对某些创新政策的重视。

第三，为了对个人隐私和网络安全加强保护，大多数 OECD 成员国制定了国家数字安全战略。政府通过推进数字经济教育的普遍化和专业化，来提升劳动者的数字素养和保证大众使用信息技术的安全性；政府通过培养用户的数字安全风险意识及采取国际合作等方法，来保证国家和个人的数字化安全[35]。

由于各国国情不同，数字经济发展水平也不同。进入 21 世纪以来，中国数字化水平不断提高，信息技术创新能力逐步增强，数据资源系统构建取得了显著成效。从总体水平来看，中国数字经济发展快速，其增速已连续三年（2016~2018年）排名世界第一。然而，中国省际数字化水平存在显著差异，易引发数字鸿沟，进一步拉大省际经济发展差距。另外，中国的数字经济发展水平与世界领先国家相比仍存在较大差距。《2018 全球数字经济发展指数》报告显示，美国和中国的数字经济发展得分分别为 84.24 分和 63.05 分，可见两国得分差距较大，且新加坡、英国、荷兰等国的得分与中国十分接近，呈紧追之势。随着互联网信息时代到来，数字经济将成为影响世界各国经济发展的重要因素，是数字政府和数字社会的物质基础，且在一定程度上重塑了新兴市场跨国企业竞争优势。

吴晓怡和张雅静基于 2003~2017 年中国国内省级面板数据和跨国数据，选取了中国 30 个省（区、市）数据及 159 个国家的数据进行分析，研究发现，中国 30 个省（区、市）综合评价的功效得分差异较大，说明各个省（区、市）数字经济发展的总体情况存在差异[36]。样本期间中国数字经济发展水平最高的是北京，其综合评价指数是全国平均水平的 3.85 倍。总体而言，北京、广东、江苏、浙江、上海、山东、湖北、河南、四川、辽宁等 10 个省（市）的数字经济发展水平已经高于全国平均水平。内蒙古、海南、甘肃、贵州、新疆、青海、宁夏 7 个省（区）的综合评价指数均低于 10。吴晓怡和张雅静进一步将 30 个省（区、市）依据地理位置进行分组，分为东部[①]、中部[②]、西部[③]和东北[④]四大地区[36]。从数字经济发展水平的综合评价指数来看，东部地区得分为46.69，远高于全国平均得分25.95，而其他三大地区得分都低于全国平均水平。其中，西部地区数字经济发展水平处于最落后状态，得分仅为10.25分。中国四大地区内部也存在明显差异，其中东部地区最大，西部地区次之，中部地区和东北地区较小。2003~2017年，东部地区的北京、广东、江苏、浙江、上海、山东是中国数字经济发展水平最高的6个地区；河北、福建、天津、海南4个省（市）分别处于第12位、第14位、第16位、第25位，数字经济发展水平相对落后。其中，数字经济发展水平最高的北京的综合评价指数为100.00，最低的海南为8.04，相差91.96。西部地区四川数字经济发展水平最高，为29.02，居全国第9位；发展水平最低的是宁夏，居全国最后。中部地区6省中，湖北数字经济发展水平最高，综合评价指数为35.03，居全国第7位；山西最低，功效得分为13.48，排第19位，相差21.55。东北地区的辽宁数字经济发展水平最高，综合评价指数为28.31，排第10位；黑龙江和吉林数字经济发展水平相近，综合评价指数分别为17.11、11.26。2003~2017年，中国数字经济综合评价指数及增长速度如图5-1所示。

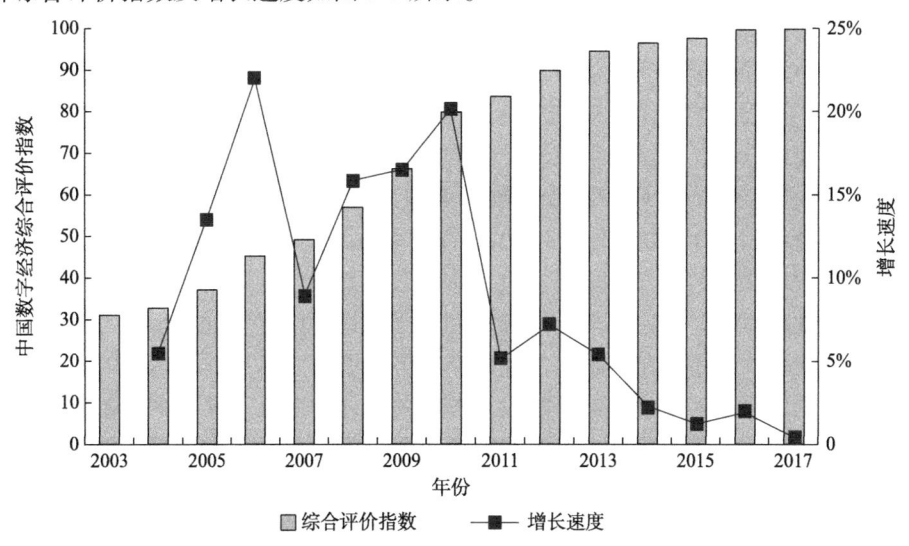

图5-1 中国数字经济综合评价指数及增长速度

---

① 东部地区包括北京、天津、河北、上海、江苏、浙江、福建、山东、广东和海南10省（市）。
② 中部地区包括山西、安徽、江西、河南、湖北和湖南6省。
③ 西部地区包括内蒙古、广西、重庆、四川、贵州、云南、陕西、甘肃、青海、宁夏和新疆11省（区、市）。
④ 东北地区包括辽宁、吉林和黑龙江3省。

中国数字经济在2003~2017年发展比较快，综合评价指数从30.92持续增长到99.84，年均增长8.73%。整体而言，中国数字经济发展进程大体经历了3个不同时期。第一，高速发展阶段（2003~2008年）。中国进入全面数字化社会的初始阶段，数字经济年均增长13.5%。2003年以来，互联网显示的巨大发展空间带动了数字经济革新。2008年中国互联网得到普及，网民数位居世界第一，开启了中国数字经济发展新纪元。第二，加速发展阶段（2009~2013年）。随着信息技术不断普及，中国数字经济发展进入加速阶段，年均增8.51%。中国在云计算、物联网、区块链等高新技术领域不断发展。第三，平稳增长阶段（2014~2017年）。中国数字经济发展已达到较高水平，进入平稳增长阶段，年均增长0.91%。2014年，中国互联网行业迎来移动端时代，中国互联网企业实力也在不断增强，其中腾讯、阿里巴巴、百度进入全球互联网公司十强。

纵观全球数字经济的发展，2003~2017年，美国、中国、日本、韩国、卢森堡的数字经济发展水平位居世界前五位，其综合评价指数分别为100.00、90.00、85.95、64.11、58.89。全球数字经济发展水平功效得分的平均值为25.36，其中有64个国家超过世界平均水平，95个国家低于世界平均水平。中国数字经济发展水平综合评价指数是世界平均水平的3.55倍，与排名第一的美国相差10分。与美国相比，中国在发展数字经济方面的最大优势是国内消费市场广阔，但仍然存在某些不足，主要集中在产业规模、企业技术水平、数字经济人才培养等方面。一是在产业规模方面，中国数字经济发展结构不太完善，规模也比较小。2017年数据显示，在数字经济占GDP比重方面，美国数字经济占GDP比重将近60%，而中国数字经济占GDP比重仅为32.9%；在产业数字化占数字经济规模比重方面，中国产业数字化占数字经济规模比重为77%，而美国比中国高出10个百分点[①]。二是中国的互联网企业在规模、技术和运营等方面与美国的企业，如谷歌、Facebook、微软等还存在差距。三是数字经济发展人才不足，虽然中国人口基数大，但是中国数字经济发展起步晚且培养相关人才周期长，导致中国在数字经济方面所需要的相关人才短缺，人才的缺乏主要是在人才结构方面的不匹配，不匹配主要体现在企业的需要与高校的培养不匹配、地区之间的人才分布不合理等。除了上述问题之外，那些具有创新能力的中小企业面临的主要问题是融资约束导致的研发投入不足。

造成中国与美国之间差距的原因是多方面的，既有主观原因也有客观原因。主观原因主要包括：一是中国各个地区都在发展数字经济，而且采取的措施普遍效率不高且资源浪费严重，这深刻反映了政府层面顶层设计能力不足；二是中国大部分数字经济企业是国有企业，由于其企业性质，一些企业存在着工作效率低、

---

① 来自中国信息通信研究院《G20国家数字经济发展研究报告（2018年）》。

创新活力低及对市场的敏感度比较差等问题,说明中国企业的体制机制比较僵化;三是中国企业缺乏有国际方面工作经验的金融、财务和法律等方面的专业人才,而且大部分企业缺乏与其他国家企业交流的经验。客观原因如下:一是中国城乡之间经济发展水平差距较大,城市化进程还没有完成,严重阻碍了数字经济的发展;二是中国工业化发展速度快,发达国家几百年实现的工业化,中国要在40年内完成,对劳动者来说是巨大挑战,而数字化发展则需要专业化人才的支撑,相关人才的缺乏使中国在发展数字经济进程中失去了劳动力资源的优势;三是中美贸易争端之后国际环境变得日趋复杂,中国对国外相关资源的利用变得更加困难,使得中国数字经济发展速度放缓[37]。

总的来说,中国数字经济发展现状良好,基础设施建设还有很大的发展空间,总体上与美国的差距不断缩小。

5.1.2 山东省数字经济发展状况

山东省目前急需改造旧动能、发展新动能,实现新旧动能的转换,促进产业结构不断优化调整,激发山东省经济发展的活力。数字经济与实体经济的融合将是山东省经济发展的必由之路,为山东省经济发展赋予新动能,促进经济实现更快发展。

2020年,山东省数字经济总量超过了3万亿元,位列全国第三①。2020年,山东省电子信息制造业的主营收入同比增长14.1%,软件主营收入同比增长12.4%。"十三五"期间,山东省数字经济年均增速超过30%,显著高于同期GDP增速,成为带动山东省经济持续增长的重要动力。海尔、海信、浪潮、歌尔等企业入选了全国电子信息百强企业,海尔、浪潮、海信、东方电子和山东中创软件工程等企业入选了全国百强软件企业。截至2020年,山东省的网络基础设施和数字资源等方面发展比较完善,在网络基础设施方面,山东省内所有的城区、乡镇等都实现了光纤覆盖,接入网络宽带的用户数量超过了2 500万户,学校的网络宽带接入率为98%,整体的信息通信基础设施支撑能力比较强;在数据资源方面,山东省实现政务信息系统的整合共享,建立了省、市、县三级资源目录体系,推动山东省和16个地市建立数据公共开放网,截至2020年开放的数据达到了3.12亿条[38]。整体来说,山东省在发展数字经济方面具有一定的优势,主要表现在:第一,山东省的产业规模发展比较大,浪潮、海尔等高新技术企业比较多,在信

---

① 王丽. "十三五"期间山东省数字经济总量突破3万亿元 年均增速超过30%. http://news.sdchina.com/show/4607052.html, 2021-03-10.

息技术、大数据及智能制造方面的基础比较好；第二，山东省作为人口大省，人才资源丰富，尤其是对支持数字经济发展相关的人才资源及平台资源丰富；第三，山东省人民政府比较支持数字经济发展，2018年山东省大数据局正式成立，主要负责山东省大数据的发展，推动数字信息技术的发展，除此之外还出台了一系列相关的法律、法规、政策等，为数字经济发展提供了坚实的制度保障[38]。虽然山东省数字经济发展的基础好且发展速度比较快，但是与其他一些先进省（市）相比仍然有一定的差距，主要表现在以下方面。

1. 数字经济基础工作存在一定差距

山东省各地区的信息化发展水平不太均衡，东西部地区及城乡之间信息化发展水平差距较大；在相关法律法规和制度等方面不健全；各政府部门间还存在着信息"孤岛"和信息"烟囱"问题，政府部门存储系统的效率仍然比较低，企业方面同样存在着数据"孤岛"和数据整合困难等问题；数字化在公共服务领域的应用不够广泛，对于网络等基础设施的监管力度需要进一步扩大；对于某些数据资源的价值没有充分利用，缺乏深入的分析应用，而且某些数据信息对于公众来说没有意义，因此公众对此没有任何感受；除此之外，对于数字经济发展优点的宣传力度不够大，社会还没有形成普遍运用大数据的一种氛围。

2. 数字产业规模相对较小

2017年，北京市、上海市和广东省的数字经济发展规模占GDP的比重分别为49.7%、48.9%、40.8%，而山东省仅占35%，位列全国第八，山东省移动宽带和固定宽带的普及率比全国平均水平都要低，与其他先进省（区、市）的数字经济发展还有一定的差距。2018年，山东省的数字经济总量超过2万亿元，数字经济发展规模位于全国第三，但是从数字经济占全国GDP的比重来看，山东省仍然与上海市、北京市、广东省及江苏省等有很大的差距，处于全国第三梯队。山东省仅有浪潮、海尔等少数几家企业有较高的市场占有率和国际影响力，除此之外在大数据及云计算方面能够起带头作用的企业比较少，从而导致山东省数字产业规模相对较小。

3. 数字产业支撑人才相对缺乏

山东省在发展数字产业方面能够提升产业影响力、带动产业发展的人才不足，尤其是高层次复合型人才缺乏。截至2020年底，在信息技术产业大数据和云计算、集成电路和虚拟现实三个领域的信息技术人才TOP1 000主要集中在北京市、江苏省和上海市，山东省位于TOP1 000的人才仅有7位。除此之外，数字领域高端人才和复合型人才的缺乏使得山东省数字经济发展的创新驱动力和产业创新力低,甚至大部分企业研发投入不足5%,高层次研发和管理团队的短缺严重制约企业数字经济的发展。从山东省数字人才的分布来看,高等院校的数字产业相关人才比较多,而企业内部则比较少。

4. 与实体经济应用层面的融合不足

山东省虽然已经有浪潮、海信、海尔等软件与信息技术服务企业进行了数字化转型,数字经济拥有了一定的发展基础,但是由于软件开发商和数据应用商的信息不对称与融合度低的问题,不能够深入发掘数据价值,对大数据行业的深度应用产生了很大影响[29]。

为了促进山东省数字经济的发展,山东省出台了一系列政策来推动山东省数字经济的发展,主要包括:2019年发布了《山东省支持数字经济发展的意见》《山东省数字政府建设实施方案(2019-2022年)》《数字山东2019行动方案》《山东省数字经济园区(试点)建设行动方案》《数字山东发展规划(2018-2022年)》。其中,根据《山东省数字经济园区(试点)建设行动方案》,山东省要加快建立扶持一批数字经济园区,打造区域数字经济发展新高地,数字经济园区是数字经济发展的重要载体。山东省数字经济建设初具基础,据不完全统计,截至2019年9月,山东省建立了数字经济园区116个,有234家与数字经济发展相关的企业,其中济南、青岛、潍坊三地分布的数字经济园区的数量和企业的数量都比较多;山东省数字经济相关重点项目合计84个(省级及以上重点项目)。此外,济南、青岛、潍坊、滨州、泰安、聊城等地市相继发布了一系列数字经济扶持政策,加速助力区域数字经济集聚区建设①。另外,《数字山东发展规划(2018-2022年)》明确指出,到2022年,山东省"数字经济规模占GDP比重力争年均提高2%以上达到45%以上",要形成"数字经济实力领先、数字化治理和服务模式创新的发展新体系"。为了保证数字山东发展格局的顺利实现,山东省大数据局局长指出主要完成以下五个方面的重点任务。

一是夯实基础支撑。按照国家的要求,以数字基础设施的发展为基础,利用数据资源等要素,在网络运行安全的保障下加快对5G技术的布局建设,全面支持IPv6(Internet protocol version 6,互联网协议第6版)的发展,集约部署山东省大数据中心,加快建设数字资源的采集、共享、开放和交易的数据生态体系,努力打造成为国际信息通信的桥头堡。

二是培育数字经济。以核心引领、前沿新兴、关键基础、高端优势等领域为核心,对大数据、云计算和人工智能等重点领域进行集中突破,加快实现山东省

---

① 王树伟. 山东:建立扶持数字经济园区 打造区域数字经济发展新高地. https://sd.dzwww.com/sdnews/201909/t20190930_19224354.htm?pc, 2019-09-30.

数字产业化和产业数字化。始终坚持数字与实体的结合，从数字中来、到实体中去，对生产、运行和决策模式的数字化转型重点关注，努力打造全国智能标杆和服务业、农业数字化先行区，加快推进山东省经济迈向新的发展阶段。

三是创新数字治理。在"一片云、两张网"的总体要求下，建设一体化的政务平台和高水平的数据大厅，在"互联网"政务服务方面努力实现审批流程更加简化、政务服务更加优化及监管能力更加强化等，打造"爱山东""山东通"的政务品牌等，共同推进高效协同的数字政府建设。除此之外，在应急指挥、平安山东、防灾减灾、环境资源及交通管理等方面推进智慧化应用，在社会治理模式方面实现数字化。

四是发展数字服务。在以人民为中心的发展思想指导下，对于社会公众比较关心的领域，包括教育、社保、养老及扶贫等方面加快实现数字化服务，提升服务均等化和普惠化水平，打造信息惠民服务体系，推动老百姓日常生活的便捷化和智能化。

五是实施重点突破。为提升山东省数字经济发展，将工业互联网提升、数字园区培育、新型智慧城市建设、互联网医疗健康及数字乡村建设等放在首要位置，在服务好发展重大战略、弥补发展短板和打造发展特色的基础上，加快对各重点领域的突破。例如，为了在工业互联网领域形成优势，首先对网络、安全和平台等进行完善[1]。

2020年3月9日，山东省大数据局副局长廉凯在山东省人民政府新闻办公室召开的新闻发布会上关于山东省数字经济发展回答了记者的提问，他指出，山东省将"尽快出台《山东省数字基础设施建设指导意见》，加快布局以5G、人工智能、工业互联网、物联网为代表的新型基础设施，持续推动交通、能源、水利、市政等传统基础设施数字化升级，强化对经济社会高质量发展的支撑能力和投资拉动作用。同时，积极落实好支持5G建设推广、数据中心规模发展等一系列优惠政策"[2]。同时，大力培育创新发展示范企业。另外，以园区、平台为载体，深入开展数字经济园区、平台试点建设。2020年7月底前，启动第二批省级数字经济园区建设，开展省级数字经济平台建设试点；9月底前，组织对省级园区、平台进行专业化分析，提出产业招商、企业培育、生态建设等方面政策措施，支持一批数字经济园区、平台升级5G、物联网等基础设施，进一步吸引更多更好的项目产品入园区、上平台[2]。

---

[1] 宋翠. "数字山东"发展规划"亮相" 2022年数字经济占GDP比重将超45%. http://news.e23.cn/shandong/2019-02-27/2019022700579.html，2019-02-27.

[2] 杨丽 尹承谦. 山东将出台意见加快布局5G、人工智能等数字基础设施. http://news.iqilu.com/shandong/yuanchuang/2020/0309/4482093.shtml，2020-03-09.

据了解，山东省为加快数字化建设，加强对数字化建设工作的指导、协调和落实，在山东省委网络安全和信息化委员会下设了数字山东建设专项小组。明确指出山东省数字化建设是首要任务，并且为此建立了多层级的落实机制，来推动数字山东建设任务的实现。可见，山东省对数字经济发展的重视。

5.2 人力资源管理的数字化转型：从管控到赋能

5.2.1 人力资源管理数字化转型的内涵

目前，世界正在由传统形态向数字形态进行转变，而且处于转变的关键时期，全面转型变成一种趋势。当前数字经济蓬勃发展，社会转型主要表现在技术驱动、深度融合和创新发展三个方面。在技术驱动方面，技术变革不断升级，数字经济驱动力正从传统信息技术向"新一代信息技术"转变；在深度融合方面，技术融合推动世界形态发生转变，世界正在由客观实体和物理形态向信息和虚拟形态进行转变，实现了资源、技术和管理的全方位、全过程和全领域的融合与共享；在创新发展方面，在传统的设计、研发、生产及管理等基础上，创造性地产生了新的商业模式和商业业态，数字世界正在逐步形成。数字化转型从根本上来说是用技术推动人类活动发生转变，而对人类活动的重新组织又是数字化转型所面临的最困难也是最本质的问题。数字化转型对于企业层面来说，人力资源管理的数字化转型是最为重要的部分[39]。

2018年，有权威机构对分布在全球130个国家的7000多家企业进行了调查研究，发现当时已经有超过61%的企业使用各种技术实现人力资源管理数字化转型，这些技术主要包括人工智能、大数据、云计算等。数字化转型能够促进企业的组织和运营方式发生改变，对工作环境、员工及其工作都有很大影响。人力资源管理作为企业经营发展过程中的重要组成部分，也在逐步向数字化转变。传统的人力资源管理模式，以保护组织的利益为前提，寻求组织与员工之间的平衡，目的是解决企业的规模化问题。传统的人力资源管理模式的逻辑是战略—组织—人才，在企业战略的基础上建立组织，根据组织的要求对人才进行选择和管理，这种模式以清晰的企业战略、成熟的商业模式、稳定的组织架构、明确的工作分工、准确的绩效目标、忠诚的正式员工等条件为前提。但是，在数字化时代，这些前提条件都受到了挑战，企业战略不再清晰、员工的忠诚度降低、组织结构变得有弹性等，传统的人才管理模式已经不能够完全解决这些问题，因此必须进行数字化转型。人力资源数字化管理模式的逻辑是战略—人才—组织，在这种管理模式下，在企业战略的基础上，重点关注员工体验，利用各种新技术促进组织转型，提高组织工作效率等（图5-2）。人力资源管理部门的职责并没有发生变化，只是管理模式和组织设计需要用数字化的思维来重新设计，创造一个重点关注员工体验的平台。

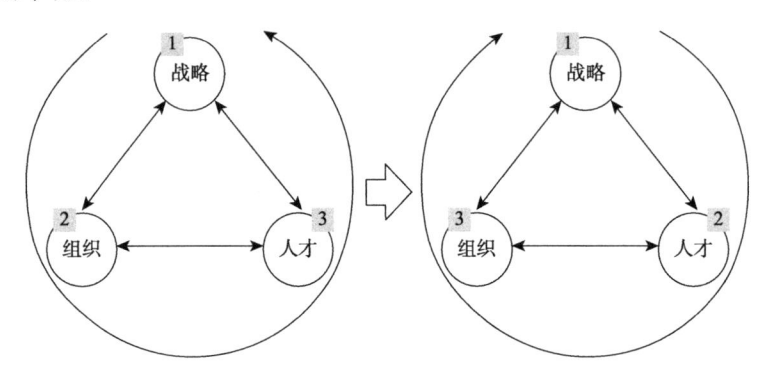

图 5-2　人力资源管理转型思维逻辑

人力资源管理的数字化是由人力资源管理、运营、技术和设计团队共同创造的，能够对企业的影响力发生改变的一种新模式。数字化的人力资源管理将会提供以下内容。

（1）良好体验。基于数字技术，人力资源管理平台能够为员工提供实时、安全的体验，对人力资源管理部门、应聘者及管理者的人力资源工作或报告的完成提供有力的支持。

（2）整合服务。人力资源管理平台是对人力资源管理流程、政策和技术的整合，能够为人力资源管理部门的运行提供支持。

（3）效率提升。人力资源管理的工作效率得到提升，可以实时监测人力资源管理的目标，企业甚至可以撤销共享服务机构。

（4）灵活发布。数字化人力资源管理通过对人力资源管理平台和运营中心的灵活设计，使得人力资源管理的政策或相关信息能够通过多个渠道进行发布，其他部门能够更加方便快捷了解相关内容[40]。

5.2.2　人力资源管理数字化转型趋势和变革路径

数据显示，2019年倒闭的创业公司占新增创业公司的23%，2018年的占比为

6%，此外新增创业公司的总量也有所下降。截至 2019 年 11 月底，2019 年倒闭的创业公司已经是 2018 年同期的 3 倍。房地产行业 2019 年接近 16 万亿元规模，这是什么概念呢？在 2007 年的时候，房地产行业的规模是 3 万亿元，短短的 12 年间增加了 12 万亿元之多，这就是一个"全球汽车市场"的规模，"全球汽车市场"的规模大概是 2 万亿美元。这 16 万亿元的规模在如今的经济政策背景下可能不会发生特别大的变化，也就是说，可能会维持在这个数字。这也意味着整个房地产市场会从过去的增量时代进入存量时代，优胜劣汰的时代已经来临。那么，市场中对于各个企业是否还有机遇？例如，地产行业前五的公司在整个市场的份额占比 18%，这其实并不多。成熟的汽车行业前五的企业占市场规模的 51%，空调行业前五的企业占整个市场的 78%，实际上手机行业前五的制造商占整个市场份额的 83%。因此，相较下来，房地产龙头企业不断扩大规模是行业趋于成熟的大势所趋。事实上，现在很多中国企业都面临着相似的境遇：强者越强，弱者越弱。在存量时代，"大鱼"吃"小鱼"已经不是重点，"大大鱼"吃"大鱼"才是。这就是常说的马太效应，是中国很多行业都要面临的生存法则。这也是很多企业都在强调人均效能，强调管理效率的原因，因为接下来就是一个拼技术、拼管理水平的时代。

因此，人力资源管理的数字化转型是各企业的必由之路，当前人力资源管理具有六大数字化趋势。

1. 人工智能算法预测分析

信息的奠基人香农曾经说过：信息是用来消除随机不确定性的东西。预测分析的内核，就是通过分析过往潜在的数据变量关系，推演未来的未知结果。通俗点讲，就相当于通过分析前人的大量行为，来判断同类型的人将来会做什么。人工智能算法要做的其实就是这样一件事。数字化时代，人的预测能力得到了数据和计算力的强大支持，随着机器学习的不断迭代升级，该方面的能量会越来越大。人工智能算法有很多种，譬如"随机森林算法"。顾名思义，既然是森林，就会由很多树构成，其中的每一棵树都是"决策树"，随机森林算法就是无数棵决策树在同时运作。与常规的逻辑回归比起来，这一算法最大的优势就是，不会轻易地遗漏掉优质的候选人。人工智能算法的使用非常广泛，只要熟悉人力资源业务，就会发现这个工具还有很多延展空间。

2. 情感计算与识别

这个技术在企业里的应用并不多见，相传谷歌是能够做到的，但在国内还没有见到应用实践。简言之，情感计算与识别技术就是借助多重人工智能技术，帮助人力资源管理部门绘制出最精准的员工画像，让企业能够及时掌握每一位员工的情绪与行为。这项技术最大的优势就像 IBM 副总裁说的一句话,我们不必去征询员工的反馈,就能真实地了解到员工学习与敬业度之间的关系。对于人才管理,无论怎么去设计人才测评,完善胜任力模型,优化人才盘点来识别优质人才,都离不开人才两大维度的判定:一个是态度,一个是能力。但是,如果换个角度考量,就相当于说,人类在计算机面前处于"半裸"的状态。例如,你最近打开百度或者其他搜索引擎,有没有去搜一些娱乐热点?还是只搜索了好看的电影,好吃的美食?一个人一段时间内的搜索引擎记录,其实可以在一定程度上反映出这个人的日常偏好。但是,这一技术如果应用起来也会有一定的问题,可能会导致诸如一部分从事人力资源管理的人员失业等问题。

3. 聊天机器人智能咨询

很多企业已经有了自己的智能聊天机器人,智能聊天机器人的实际应用就是把从事人力资源管理的同事从无限的问答当中解放出来。目前,智能聊天机器人的智能水平还远没有达到这个程度。智能聊天机器人真正达到智能是需要其有能力通过图灵测试的。图灵测试就是分别让一个人和一台机器同时对接被测试者,只有当超过 30% 的测试者分辨不出这台机器是人还是机器的时候,这台机器才算通过了测试。

4. 虚拟现实/增强现实沉浸式体验学习

譬如说虚拟现实/增强现实沉浸式体验在培训中的应用,现在宝马、霍尼韦尔等制造业企业都有增强现实培训。工人通过佩戴增强现实眼镜将他们手中的装备零件进行虚拟增强,使得员工能够以"虚拟"的方式进行"实操"。即使操作失误,也不会产生耗材,且没有任何风险,还可以随时重复练习。

5. RPA 的应用

RPA(robotic process automation,流程自动化机器人)就相当于给人安装了一双机械手臂,帮助人在电脑上完成简单重复的工作,如填写薪资表单,替代人力资源业务合作伙伴填写新员工线上入职流程等。RPA 是随时随地安全部署的数字化劳动力,能够将员工从重复性工作中解放出来。将来,机器学习将进一步升级,RPA 如果能够自主认知,就会进化成 IPA(intelligent process automation,智能流程自动化),就能够解决更多的人力资源基础工作。

6. 共享服务智能化

很多企业如果实施了人力资源三支柱模式,都会去追求 SSC 的智能化,也是 SSC 的无人化。之前由人力资源管理者人工支持的入职流程大概需要半天的时间来完成,现在新员工初入企业,扫码、录入,一气呵成,十分钟线上搞定整个入职流程。SSC 的智能化极大地降低了人工成本和响应时间,带来了全程无纸化办公的各项节约,着实是未来较明晰的一个方向[①]。

企业要想在未来的数字经济中占据优势,就必须实现人力资源管理的数字化转型,其转型主要体现在以下六个方面。

1)人力资源规划的数字化转型

人力资源规划最主要的任务是分析企业人员的供给与需求数量并对人力资源的管理费用进行预算。人力资源规划进行数字化转型之后,可以通过大数据云计算快速分析出企业对工作人员的需求及市场人才供给状况,避免使用烦琐的规划过程。通过数字化技术在人力资源管理过程中的应用,可以建立一个与企业长期战略相符合的人才供应链,节省人力资源管理的时间成本。

2)招聘与配置的数字化转型

人力资源管理进行数字化转型之后,刻板的招聘流程会变得更加灵活,如机器人可以对符合要求的简历进行筛选并将招聘结果及时告知应聘者和招聘主管;面试过程中可以采用视频技术、虚拟现实技术等,极大地为招聘者和应聘者之间的沟通提供便利;大数据技术能够快速而准确地做出行业的人才报告、薪酬报告等,为企业做出正确的人才决策提供支持。总的来说,招聘和配置的数字化转型对招聘质量和效率的提升都有一定的促进作用。

3)培训与开发的数字化转型

在企业经营管理过程中,企业根据发展的需要必须对员工或团队进行相关的培训,以解决问题为目标,对人员分配进行协调,根据员工的工作能力进行工作的调整安排使其工作能力与所做工作相符合。培训与开发进行数字化转型之后,数字化技术能够为员工的精准培训提供有效的工具,员工还可以通过移动端利用零碎空闲时间进行自主学习等。大数据技术在对员工的工作绩效和发展方向进行分析的基础上能够针对不同员工设计定制化的学习方案,给员工自动推送学习课程,帮助员工不断成长进步。总之,培训与开发的数字化转型不仅能够丰富培训体系,而且能够提高企业培训的效率和效益。

4)绩效管理的数字化转型

绩效管理的数字化转型能够建立良好的绩效沟通系统、对管理流程进行精简,提高绩效管理的效率,实现绩效管理的数字驱动。例如,e-HR 系统中的考勤管理能够实时更新考勤数据并且能够提供准确高效的排班计划,为人力资源管理部门的绩效管理节省了大量时间,使他们能够有充足的时间来对企业发展战略进行研究。总之,绩效管理的数字化转型对于提高人力资源管理部门的工作效率具有很

---

① 季亮:人力资源管理的六大数字化趋势. http://www.ruthout.com/information/28784.html,2020-01-20.

大的促进作用，而且能够为绩效管理提供有效的反馈和指导。

5）薪酬福利管理的数字化转型

薪酬福利管理的数字化能够让员工对自己的薪酬结构有清晰的了解，也使得薪酬福利更加透明、公平。例如，员工的绩效和薪酬将会被汇总到一个统一的系统中进行管理，员工可以通过这个系统及时了解自己的薪酬状况，减轻了薪酬主管的薪酬管理工作；e-HR 系统可以帮助人力资源管理部门对繁杂的薪酬数据进行处理，对薪酬水平和结构进行调控，可以有效避免人工工作的失误，提高薪酬工作的效率和准确性。

6）劳动关系管理的数字化转型

数据技术在收集大量的法律法规文件的基础上可以保证人力资源管理部门工作的合法性和合规性。例如，在对劳动合同进行审核时，系统对于存在违法违规信息的劳动合同将会直接被退回并且提出相应的修改建议；或者在有劳动纠纷问题时，系统会在对已有的大量案例进行分析的基础上提出解决方案并且不断完善案例库。总之，劳动关系管理的数字化转型对于企业和员工关系的管理具有提升作用。

企业应该充分利用 e-HR 系统、云计算、大数据、人工智能等的功能和优势，使之相互配合，建立高效的人力资源数字化管理系统。目前，虽然企业人力资源管理的数字化发展还跟不上企业整体的数字化水平，但是随着管理者观念的改变及数字技术和互联网的不断发展，企业人力资源管理的数字化水平终将赶上企业的数字化发展水平，提升企业在激烈市场竞争中的优势，人力资源管理者也可以从繁杂的日常管理中脱离出来，成为企业的战略伙伴[41]。

5.2.3 数字时代的组织管理：从管控到赋能

组织管理的管控思想源自弗里德里克·泰勒。他于 1898 年在伯利恒钢铁公司的著名生产实验中，拆解出标准化工具、标准化物料、标准化动作，实现了分工、协作、流程和标准化，人均日产量提升 268%，创造了奇迹。泰勒的思想深深影响了整个组织管理领域。无论是法约尔提出的计划、组织、指挥、管理、控制五项管理职能，还是巴纳德提出的经理人职能，都属于泰勒思想路线。近代组织管理之父马克斯·韦伯提出的科层制组织同样遵循了泰勒路线。以效率与成本为目标，以分工、协作、流程化、标准化为手段的思想深深地渗入传统组织的血脉当中。

谷歌创始人拉里·佩奇曾说："未来组织最重要的不是管理与激励，而是赋能。"赋能一词最早源自积极心理学，旨在通过言行、态度、环境的改变给予他人正能量，以最大限度地发挥个人才智和潜能。显然，这里的赋能意指创造环境，激发个人的潜能。拉里·佩奇所说的赋能，显然更接近于激发能量的含义。将积极心理学中的概念应用在企业管理领域，意指创造一个能够充分释放员工潜能的组织环境。"这样的组织环境显然有别于传统组织环境。"《重新定义公司》一书揭示了拉里·佩奇的管理之道，那就是"聚集创意人才，营造良好的氛围和支持环境，最大限度地发挥他们的创造力，快速了解客户需求，创造出满意的产品和服务"。赋能组织中的个体与团队，把组织转变成为一个赋能型的组织，这是当下管理与组织变革潮流。赋能组织是一个有机生命体。生命体有三个特征：生命是有目的性的；生命是有主动性的；生命是进化的。如果组织希望成为一个永续的组织、基业长青的组织，必须把它变成生命体，而不是机器。

管控与赋能的本质是对人性中不同动机的挖掘与激励。在管控范式下，为了激励员工做其不愿意做的工作，就需要用"胡萝卜加大棒"的绩效主义手段。"胡萝卜"（升职加薪）背后对应的是人性中的贪婪，"大棒"（淘汰）对应的是人性中的恐惧。必须承认，绩效主义手段在传统组织管理模式下是奏效的。第二次世界大战期间，通用汽车的一个事业部改为生产轰炸机零部件的部门。一开始，工人动力不足，军方开出一架大型轰炸机给工人参观。当工人参观后，知道了自己生产的部件是怎样应用到轰炸机上，明白了自己生产的意义所在，从而士气大振，生产效率大幅提高。这背后隐藏着人性的力量。发现这件事情的人是德鲁克。他花了18个月的时间研究通用汽车，完成了现代管理学开山之作《公司的概念》。在这本著作中，他提出"培养有管理能力、有责任感的工人和一个自我管理的工厂社区"。这是赋能最早的思想萌芽。

1969年，麦格雷戈发表了《企业的人性面》，提出了X理论和Y理论。他最大的洞见是提出在每个管理决策和措施的背后都有一种人性假设。不同的管理理论是建立在不同的人性假设上。X理论的人性假设是"人天生懒惰，是不爱工作的"；Y理论的假设是"人要自我实现，工作对人是很有意义的"。

人性是复杂的，有光明也有黑暗，有性恶也有性善。管控与赋能两种管理范式的关键区别就在于，对人性不同动机的激励。管控选择的是黑暗面：恐惧、贪婪、嫉妒、好色；赋能选择的是光明面：良知、好奇、成就、创造与自我实现（图5-3）。

但是，管控和赋能也有优缺点，组织管理必须做好管控与赋能之间的平衡。管控的优点是成本和效率，弱点是僵化和缓慢。当环境稳定、目标明确时，管控非常奏效，它能最大限度地提升效率、降低成本。然而，当组织一味追求效率的时候，就会厌恶失败、厌恶混乱、厌恶浪费。一个极其干净、精益、有秩序的组织是缺少创新基因的，也是僵化的。赋能的优点是创新与应变，缺点是效率与成本。由于赋能模式下组织会有适度的混乱和失控，流程分工并不明确，它的效率

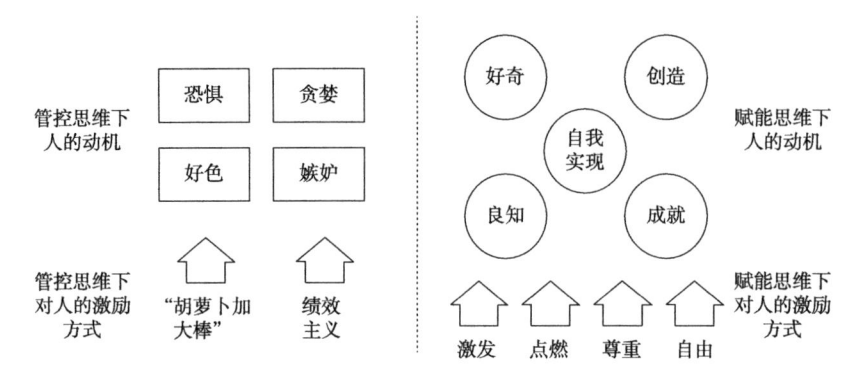

图 5-3　管控和赋能对人的不同的激励方式

是有损失的。然而，创新发生在有序与失序的边缘，赋能组织开放包容，宽容失败，勇于试错，它擅长创新与应变。

在管控与赋能之间进行选择时，要根据组织的历史、业务的性质及环境的变化来选择，它的核心是中庸之道。任何时刻都要把握好管控和赋能之间的度，且这个度是动态地随着时间而变化调整的，它不仅是科学，更是艺术。

企业要创造一个赋能型组织环境来激发一线团队与员工的内在能量，高松[①]提出了一个赋能型组织框架，即赋能＝赋权＋赋信＋赋才＋赋利，如图5-4所示。

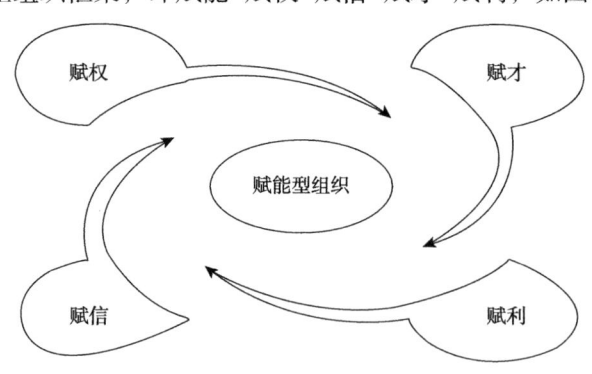

图 5-4　赋能型组织框架

（1）赋权：变革组织，将决策权授予"听得到炮火"的人。赋权的意思是将权力下放到一线，这个权力主要是指经营决策权，从而让一线团队及员工能够更为灵活地应对环境变化。这个权力还包括自主定义目标与实现路径，让一线团队与员工承担起责任，成为自我发展的主人，激发他们的自驱力。赋权很难在传统组织框架内实现，需要变革组织结构与管理流程。稻盛和夫提出的阿米巴模式，

---

① 华东理工大学教授，中国行动学习研究中心主任，著有《赋能团队》一书。

海尔探索的"人单合一"的平台化与创客化模式，山东韩都衣舍电子商务有限公司（简称韩都衣舍）的小组制模式，阿里巴巴探索的前台、中台、后台模式，都需要在企业的组织层面做变革。其共性是打造敏捷灵活的一线经营团队，应对环境的急剧变化。企业中高层将决策权下放给一线经营团队，自身由决策控制中心转变为资源服务平台。

（2）赋信：打造平台，为一线经营团队提供必要的信息、资源与服务。在赋权的前提下，需要赋予一线经营团队信息、资源与服务，让一线经营团队"子弹上膛"，摆脱后顾之忧。在这里，信息透明与共享非常重要。在传统组织内部，信息往往掌握在高层决策者手中，一线经营团队与员工无法接触企业的核心信息与数据，自然无法做出准确的判断与决策。阿米巴经营的核心就是让小型组织阿米巴自我核算经营业绩，而这就需要掌握成本等各项数据，需要具备强大的内部数据分析能力。因此，赋能型组织往往是一个透明化的组织，也是一个数据驱动的组织。此外，组织内部包括资金、人力、物资等资源的下放，需要设定"赛马不相马"的机制。一线经营团队在残酷的市场竞争中优胜劣汰，企业资源优先向胜利团队倾斜。例如，韩都衣舍的小组每年根据实际经营业绩进行排行，排在后面的小组将被解散。最后，企业职能部门，如财务部门、人力资源部门等往往变为服务平台，向一线经营团队提供各项专业服务。

（3）赋才：塑造文化，打造学习型组织。赋才是指帮助一线经营团队与员工具备自主决策与执行的能力。在向下赋权与赋信的情况下，如果一线经营团队不具备自组织与经营的能力，就会造成一放就乱，组织失控。因此，对于赋才来说，塑造一线经营团队的自组织能力是关键环节。与传统组织内的物化型团队不同，赋能型团队与成员需要掌握战略思维与经营能力，战场上的每一个小团队不仅需要看到眼前的战斗，还能够看到整个战役的局面，才能根据实际情况自主做出恰当的行动决策。这样的能力塑造，需要在做的过程中学，在实践中运用升维的企业学习技术进行培养。此外，赋才的另外一个重点是塑造组织文化，倡导学习型组织建设，将工作与学习有机融合，追求基于问题的不断迭代优化提升。

（4）赋利：建立机制，价值创造与分享。在赋能型组织内部，价值创造的主体是一线经营团队与员工，在责权利统一的原则下，他们自然应当参与所创造价值的分享。从分享方式来看，传统组织以工资、奖金的形式回馈员工，以利润分红的方式回馈股东，其本质是以资金为核心。在赋能时代，知识与人力资本占据越来越重要的地位，一线经营团队与员工在创造价值中扮演了主要角色。因此，在分配方式上，应当让一线经营团队与员工享有所创造利润的分红权。赋利机制的打造，能够让员工拥有主人翁意识，彻底释放自我发展的潜能。

如果说赋权、赋信、赋才、赋利塑造了赋能型组织的制度环境，属于硬件建设，那么赋魂就是塑造文化土壤，属于软件建设。赋魂是赋予组织精神灵魂，注入真正的使命、愿景和价值观，打造真正的赋能文化土壤。

为组织注入精神灵魂要抓住四个关键点。

（1）利他使命。组织是人类社会母系统中的子系统。组织能够存在的法理依据，是对母系统的作用与贡献。因此，组织的使命就是组织存在的根本，而这个使命一定是利他的，是为客户创造价值的，是对社会做出贡献的。使命就是"大旗"，使命越高远，它的能量与号召力越强，就越能够让员工感受到工作的意义，获得自我实现的深层次快乐。

（2）人是目的。赋能型组织秉持人本主义的价值观，将人视为目的，而非完成组织任务的工具与资源。组织搭建平台，让员工在为组织使命奋斗的过程中自我实现。正如稻盛和夫所言，不仅要追求组织使命的实现，而且要让每名员工获得物质和精神的丰富和发展。

（3）点燃良知。点燃良知是激发人性中的光明面。激发人性中的好奇、良知、成就、创造的动机，让人们在奋斗的过程中获得成就感与深层次的幸福感，组织就会充满活力与激情。点燃良知需要组织放弃传统的绩效主义、"胡萝卜加大棒"的手段，通过尊重、自由、信任及利他使命，点燃员工心中的"火把"。当员工点燃光明，整个组织是充满光明的。人们会在实现使命的过程中找到个人的价值和意义所在。

（4）学习进化。赋能型组织不是僵化的，它是一个有机生命体，永远是动态变化和发展的。因此，组织内部应宽容失败，鼓励试错与创新，要不断适应、不断学习，永续迭代，与时代共舞。

赋能的本质是无为。无为是道家的治国理念与思想。老子认为"我无为，而民自化；我好静，而民自正；我无事，而民自富；我无欲，而民自朴"，而且强调"无为无不为"。传统管理是有为的管理，是自上而下的。赋能是无为的管理，是自下而上的。

为什么在新的时代"无为"胜"有为"？奥秘存在于人性深处。人人都有自我发展的充分愿望，都有创造与自我实现的内驱力。尤其是人工智能时代，当大部分人从事的是创造性与关爱性的工作时，驱动他们的一定是内心，而不会屈服于外部压力。

在这种形势下，无为，即把员工的自主权还给员工，让他们自组织、自管理、自驱动就是最好的组织管理方式。德鲁克也曾说过，"管理的最高境界就是不用管理"。当把管控的有为之手放开，蕴含在广大员工中的巨大能量就会充分释放出来。无为的本质并不是无所作为，而是不过多地干预，充分发挥众人的创造力，做到自我实现。赋能并非不做事，而是不控制，要因循人性的发展规律，创造人们充分发展的环境。

赋能需要建立合理的组织结构与机制环境。这就需要赋权、赋信、赋才、赋利。赋能还需要建立文化土壤，赋予组织精神灵魂。这就需要为组织赋魂。要做到这一点，有赖于企业家的自身修炼，逐步成为赋能型领导者[①]。

5.2.4 人力资源管理数字化案例

1. 韩都衣舍

韩都衣舍创立于 2006 年，经过十余年的发展，已成为专注年轻时尚女装的品牌。以每年上线近 3 万个新款，平均每天上新近 100 款的特点，得到年轻消费女性的认可。截至 2020 年 4 月，韩都衣舍旗舰店"粉丝"收藏达到 2 248 万个。韩都衣舍先后获得十大网络品牌、中国服装成长型品牌等荣誉称号。2017 年，在我国首个"中国品牌日"，韩都衣舍入选"CCTV 中国品牌榜"[②]。韩都衣舍作为一家电子商务"快时尚"服装品牌，主体消费群体为"90 后""00 后"。2012~2018 年，韩都衣舍在国内各大电子商务平台连续 7 年蝉联互联网服饰行业综合排名第一；在 2014~2018 年的"双 11"活动中，韩都衣舍连续 5 次获得互联网服饰品牌冠军；拥有 6 000 万个"粉丝"，"粉丝"数量全网第一，也是天猫首个"粉丝"突破千万的品牌。韩都衣舍品牌创始人赵迎光在韩国工作多年，卖过化妆品、母婴用品，甚至汽车用品，2008 年赵迎光捕捉到国内"韩流"的商机，这才开始转型做韩国服装的代购[42]。

韩都衣舍的发展大致经历了三个阶段[42]。

（1）试点阶段。企业通过赋权营造价值共创环境，利益共同体促进了冗余资源的利用，取得了新业务机会与制度优势。

（2）复制阶段。企业通过对小组的赋能巩固了价值共创环境，促进了冗余资源的利用，使企业优势不断扩大并且在市场中获得了更多的机会。

（3）进化阶段。企业通过赋能优化了员工与顾客之间的价值共创环境，通过命运共同体推动了各种资源的有效吸收和利用，打破了企业发展过程中资源约束的瓶颈，实现了资源的重新组合。

1）试点阶段：赋能营造价值共创环境

在韩都衣舍刚刚成立时，内部的组织机构如何设置成为比较有争议的点，对立双方争执不下，于是开始实行两种模式并行。一种模式是传统模式，也叫作南区模式，在这种模式下企业内部有负责产品设计、研发、生产、销售等的专门部

[①] 高松. 从管控到赋能：赋权、赋信、赋才、赋利. https://new.qq.com/omn/20200610/20200610A03VT800.html，2020-06-10.

[②] 韩都衣舍官网。

门，整体来说是一种生产线似的流程；另一种模式是创新模式，也叫作北区模式，在这种模式下分为若干个小组，每个小组由三个人组成，分别负责产品的设计、销售页面的设计及订单和库存的管理等，由其中能力比较强的成员担任组长，所有的小组都是平行的。

在刚开始的三个月时间里，两种模式的区别逐渐显现出来，在每天的下班时间可以看出明显的差别，采取南区模式的员工在每天的下班时间基本走光了，而采取北区模式的员工在相同的时间则是灯火明亮，甚至很多时候都是被物业赶走的。相较于两区之间的业绩也有明显的差别，北区模式的业绩理所当然地超过了南区模式。经过无数类似的摸索、探索，最终，韩都衣舍独创出产品小组制管理模式，即单品全程运营体系，该体系备受企业界推崇。

小组初授权，激发能动性。韩都衣舍创始人赵迎光由于其个人经历发现了韩流服装在中国女性消费者中有很大的市场，于是在2009年创立了Hstyle品牌，开始进行专门针对韩流服装的设计和销售。但是，由于设计师比较稀缺，他开始尝试在企业内部设立产品小组，仿照韩国服装进行设计，整个小组还要对新设计产品的生产和销售负责，这样就解决了设计师短缺的问题。产品小组被赋予了一定的权力，一是财务的支配权，但是权力是有限的，每个产品小组只能获得一部分用于其产品的生产和销售；二是产品的决策权，产品从设计到销售由小组全权负责，企业内部高管很少对其决策进行干预。即使产品小组设计出的产品一眼看去都不会有市场，上级管理者也不会干预，只有小组成员经历过一定的失败之后，才能够对市场有更加深入的了解，其创造性才能够更好地被激发，创新能力才能够不断提高。产品小组制的实施促进了结构赋能，从而促进了员工共同合作来创造更大的价值。为了提高产品小组权力的使用效率，韩都衣舍在互动合作和资源整合两个方面设计了价值共创的制度，具体内容如下。

（1）在互动合作方面，产品小组实行按照业绩来提成奖金的制度，最终的奖金由销售额、毛利率和提成系数来决定；每天根据各个产品小组的业绩进行排名，会对业绩排名前三的小组进行一定的奖励。这一系列措施的实施在一定程度上能够促进员工的工作积极性。

（2）在资源整合方面，主要是资源的利用问题。在财务资源方面，每个月每个产品小组的启动资金为2万~5万元，流动资金与上个月的绩效有关，为上个月销售额的70%；在人力资源方面，每个产品小组由3名成员分别负责产品设计、销售页面的制作及产品的库存和订单管理，由3个人中能力较强者担任小组组长，主要负责小组内整体性事务。

通过众多产品小组的不断探索，韩都衣舍掌握了韩流服饰的发展趋势，形成一套完整的设计、生产和销售的业务流程，销售额也在逐年增加。各产品小组设计的服装产品深受广大女性消费者的欢迎，飞速为韩都衣舍吸引了大量的忠实消费者，极大地展示了小组制的优势。

在试点阶段，企业给产品小组赋权营造了价值共创环境，提高了冗余资源的利用，使韩都衣舍获得了发展新业务的机会和制度方面的优势。在赋能方面，韩都衣舍对每个产品小组都给予一定的财务支配权和产品决策权，同时通过奖金提成制度来激发产品小组的创造力和积极性，促进各种资源的充分利用。总之，在试点阶段，韩都衣舍不仅开拓了新业务机会，而且获得了激活个体与团队的制度优势。

2）复制阶段：赋能巩固价值共创基础

在复制阶段，产品小组的实行极大地推动了韩都衣舍业绩的提升。基于在试点阶段取得的巨大成功，韩都衣舍将传统模式下的各个部门也拆分成产品小组，运用新的模式来发展新的品牌，同时，进一步扩大小组内员工的权力，注重培养员工的领导能力，具体内容如下。

（1）员工组合权。根据小组的业绩排名来分配奖金，排名越靠前，分配的奖金越多。小组内部组长分配的比例最高，然后按成员的贡献进行分配，该种分配方式使得小组内部的矛盾日益突出，小组工作效率也受到了一定程度的影响。基于此，韩都衣舍允许各产品小组分开并且进行重新组合，新的组合填补了分裂组合的空缺，同时在创新产品方面提供一种新的思路，促进小组的不断优化。

（2）财务支配权。小组内部的流动资金与其销售额有关，每年10月韩都衣舍都会根据企业整体的目标来为各个产品小组确定其销售额。例如，企业明年的业绩目标是增长50%，如果小组去年的业绩是100万元，那么其明年的业绩目标就变成150万元，同时基于销售额的增加状况来合理地分配给小组流动资金。

（3）新产品战术决策权。产品小组在复制阶段的决策权和试点阶段有所不同，产品小组必须根据企划部所设计的产品方案来进行，而且在产品的销售过程中必须根据"爆旺平滞"的排名来决定采取何种策略，对于爆款和旺款产品由于其需求量比较大可以进行返单，而平款和滞款产品必须进行打折促销减少库存，产品小组对于整个流程的把控权力减小。

产品小组数量的增多使得价值共创的范围不断扩大，各个小组之间的互动在相互激励的同时也造成了资源争夺的现象，在这一阶段韩都衣舍对事业共享和资源整合进行了具体安排。

在事业共享方面，韩都衣舍在产品小组与企业保持利益共享的基础上，增加了事业成就感激励。韩都衣舍出台了品牌扶持政策，鼓励那些能力比较强的产品小组成立新品牌，新品牌小组提成比例由1.5%提高至2.5%，这意味着产品小组可以进行独立核算并且可以享受利润分红，给那些有能力、有梦想的员工实现成功的机会。

在资源整合方面，韩都衣舍对资源配置进行了整体性优化。在财务资源方面，不再由产品小组负责产品的生产经营，而是设立专门的企划部门对产品的设计、开发等负责，事先对小组的库存进行规划，以降低库存成本，加快资金流动；在人力资源方面，允许小组内成员离开并且吸收新成员，为小组带来新的活力和创造力；在公共资源方面，在企业内部设立了多个公共服务小组，这些小组是由市场推广部门、物流部门及客服部门等拆分而来，产品小组可以按照自己的意愿选择公共小组，既提高了服务效率又促进了资源分配的效率和公平性。

在复制阶段，设置产品小组的效果得到进一步的提升。在这一阶段，韩都衣舍的男装和童装市场进一步扩大，店铺的单日访客量最高可达 1 500 万人次，产品的认知度在众多的电商品牌中排名第一。2009~2013 年，韩都衣舍产品小组的数量就达到了 200 多个，每年设计出的新产品高达 20 000 款。2013 年韩都衣舍对产品及风格进行创新，又上线了新的品牌，包括欧美风快时尚品牌尼班诗、韩风优雅时尚女装 Soneed 品牌，实现了品牌风格的跨界。

3）进化阶段：赋能优化价值共创环境

在进化阶段，员工的权力进一步扩大，主要表现在外部资源的整合权和顾客的营销参与权。在外部资源的整合权方面，员工可以与企业以外的其他品牌进行合作，如 2014 年对迪葵纳中老年女性服装进行改造设计使其在天猫稳居中老年女装类产品销量第一名；2015 年与外部合作创立了户外童装品牌；2016 年与九牧王共同创立了商务男装品牌；等等。在这一过程中，员工对于控制力、影响力及工作价值的感受极为明显，这一阶段最主要的是对员工的心理赋能。在顾客的营销参与权方面，顾客的营销参与就是邀请某些新媒体平台的人气顾客通过直播的方式来对韩都衣舍的产品进行评价，这种类似于网红带货的模式在第一次直播中就吸引了 200 万人次的观看，而且同款产品的访客量也在不断提升，最重要的是吸引了众多的新顾客。

在进化阶段，韩都衣舍成立了智汇蓝海基地来吸引更多的合作伙伴。这一阶段的产品小组除了与企业内部各个部门进行合作外，还增加了与供应链及客户的合作等，四者之间命运共享，具体表现如下。

（1）利益共享。例如，韩都衣舍的直播带货，在与人气顾客进行合作的过程中，顾客可以分享利润提成；产品小组成员在与其他品牌进行合作时，除了基本的服务费用之外，还可以获得其品牌的分红。

（2）成就共享。产品小组除了对其原创品牌负责之外，还可以对其他品牌进行代理。

（3）客户共享。韩都衣舍会将合作品牌分享给合作的供应商，实现客户资源共享，增加供应商的订单；另外，在每个品牌旗舰店的首页都设置了合作品牌的链接，顾客可以在各个品牌之间自由切换，各服装品牌实现了顾客资源共享。

在资源整合方面，具体内容如下。

（1）运营资源开放。运营资源主要包括财务资源、人力资源及公共资源等，如韩都衣舍按产品的生产工序划分与240多家供应商签订了合作协议，一件服装由多个工厂共同合作完成，产品的生产时间大大缩短，而且与韩都衣舍进行合作的品牌也可以使用这一整套的供应链资源。

（2）战略资源开放。韩都衣舍的各职能体系包括智能、营销、产品设计和服务等，可以为其合作伙伴提供丰富的经营管理经验，也可以为新创品牌提供系统化的服务等。

在进化阶段，韩都衣舍逐步发展成为众多时尚品牌服装的孵化平台，通过命运共同体促进了资源开放，进而推动了新组合机会与生态优势的获得。韩都衣舍一方面赋予员工一定的权力，使其能够成立新品牌或者合作成立品牌；另一方面将企业的战略资源、运营资源等分享给合作伙伴，为新创品牌提供一系列服务等。目前，韩都衣舍在数量上有50多个运营品牌，而且覆盖多个种类，包括男装、女装、中老年服装、童装及鞋类等。韩都衣舍通过与上下游之间的合作，形成了一个完整的集设计、生产、销售及服务为一体的生态系统，获得了一定的生态优势[①]。

正是由于韩都衣舍在发展过程中，不断地摸索创新才能够走到今天，总的来说，韩都衣舍在发展过程中一共有三大管理创新。

1）阿米巴小组制模式

"阿米巴经营"是稻田和夫在2000年提出来的。阿米巴经营就是将组织划分为众多的小团体，但这是以正确的经营理念为前提，通过独立核算、自主经营，并加以运作以实现内部培养出具有经营意识的人才，实现全员参与的经营模式。阿米巴经营模式需要注意以下几点。

第一，阿米巴经营要在正确的经营理念指导下，如果没有正确的经营理念指导，实施的阿米巴仅仅是一种核算，是一种划小的经营单元，并不是阿米巴的全部。

第二，将组织划成一个个小团体进行独立的核算，将组织划分得越小，就越容易核算，越可以量化，我们经常讲的划小核算单元、实现价值量化管理就是这个道理。

第三，通过独立核算的过程让企业培养出具有经营意识的人才。什么叫经营意识？就是做任何一件事情要达到什么样的结果，要依据成本和资源获取情况取得更高的业绩结果，这就是经营意识，而且这种经营意识是数字化的核算（投入产出比）衡量。企业员工一定要有经营意识，要全员参与经营，而不是一个人。企业雇用了员工，只是雇用了员工的一双手，并没有发挥已经雇用了的员工大脑，

---

① 周文辉，杨苗. 韩都衣舍：平台赋能激活价值共创. http://ccegr.csu.edu.cn/a/han-dou-yi-she-ping-tai-fu-neng-ji-huo-jia-zhi-gong-chuang.html，2020-07-20.

员工的手创造的价值,远远低于大脑创造的智慧,这样并没有把人的价值最大化。基于这样的分析,就可以看出阿米巴经营是在正确经营理念的指导下将组织范围划小,进行独立核算,同时培养出大量有经营意识的人才,实现全员参与的经营模式[①]。

(1)小组制的创建流程以客户为中心,让员工掌握更多决策权。小组制,又称以小组制为核心的单品全程管理体系。做个简单的比喻,就如同农村的联产承包责任制。过去的管理方式是正金字塔方式,位于塔尖的是管理者,管理者发布命令经过层层传递,在基层最终被执行。这被称为科层式结构,被目前大多数企业采用,韩都衣舍也曾是其中之一。但经过长时间的实践应用发现,它在线上创业中存在明显的短板,导致更多的内部博弈出现。销量低的时候会出现消极情绪,工作效率降低,而且分薪和分资源也会让员工动摇,认为只是在为企业干活。这些都让韩都衣舍深受其扰,那么如何做出改变呢?历来韩都衣舍的流程是以企业为中心的,而在互联网时代,必须要以客户为中心,运用逆向思维,建立倒金字塔的模式,建立以客户为中心的自主经营体,在企业业务运营中让员工掌握最多的决策权,企业负责打造平台,员工挣薪、挣资源,以实现最大程度的开放共赢。

确定销售任务指标是产品小组责任,这是不言而喻的。那么,应该赋予其怎样的权利?

第一,确定款式。产品出什么款式,总经理不做决定,也没有设计师总监来做决定,由小组成员自己做决定。

第二,确定尺码及库存深度。自己确定生产几个尺码,三个还是五个;生产多少件,500件或是1 000件。

第三,确定基准销售价格。

第四,确定参加哪些活动。钻展、聚划算、"双11"或是狂欢节等,自己决定产品参加哪项活动。

第五,确定打折节奏和深度。韩都衣舍将大多数的业务权利放在员工自己手里。韩都衣舍很多小组成员平均年龄在25岁,非常年轻,一般的企业不敢如此放权于员工。

(2)分工协作,激励机制下自由匹配优化组合。标准化的小组是三人一组,大家各司其职,产品开发专员主要完成产品设计,页面制作专员负责打开产品的详情页做照片修饰,而货品管理专员负责与生产部门和仓库对接,掌握产品的库存变化,依据销售动态来确定是继续下单还是进行促销。这个整体过程的最终决策由三人商量敲定。韩都衣舍支持小组成员自由匹配,分发奖金实行以小组为单

---

① 李志华. 后阿米巴时代:经营哲学和核算体系是不可或缺的硬币两面. https://new.qq.com/omn/20191123/20191123A0JILU00.html, 2019-11-23.

位而不是个人，具体内部分配由组长决定。

员工工作的积极性不需要管理者每天去调动，这些都是员工自发进行的，他们的心态如同比赛游戏一样互相追赶。能者多得，按劳分配，韩都衣舍虽没有特设淘汰机制，但无论优劣都会有小组自行解散重组，因为作为组长一般奖金会多于组员，所以一些组员通过一段时间的实践锻炼后，认为自己也可以胜任组长一职，就会出来组织自己的小组。这时解散出的相对弱的成员就会奔向这个经验比较丰富的员工，就好像市场的良性循环一样，形成了内部人才的优化匹配。

2）以"爆旺平滞"算法为驱动的 C2B 运营体系

作为一家互联网企业，而不仅仅是一个网店，一定要懂得以大数据来驱动运营。以"爆旺平滞"算法为驱动的 C2B（customer to business，消费者对企业）运营体系，是韩都衣舍对运营模式的创新。作为大数据典型应用案例，它是在商品销售中通过数据运算，按照产品的销量将产品分为爆款、旺款、平款、滞款四类产品，爆款、旺款产品需求量比较大可以进行返单，但是对于平款、滞款的产品则需要采取促销策略，降低库存。

在 C2B 运营体系下，一方面对各个产品的销售数据进行实时监测，消费者对某一产品的购买量可以为新款产品的设计提供一定的指导；另一方面，对爆款、旺款进行返单增加库存量，对平款、滞款进行促销降低库存量的做法极大地降低了库存风险。通过这个算法，员工能及时接收到经营数据，了解到自己设计的款式是否被消费者喜欢，可以获得多少利益等，而韩都衣舍也实现了精准快速地获取把握市场需求，有利于针对消费者喜好迅速下单。这其实也是一次组织结构的变革，将供应链的组织模式改变，让最传统的服装工厂慢慢向数字化工厂升级。

因为系统的通畅连接，韩都衣舍可以随时掌握所有协同工厂的产能状况，清晰地知道某款产品发送给谁可以最快速地完成任务，让产品进入仓库。另外，韩都衣舍还实现了服装的当季生产，在此之前，服装的生产都是提前两个季度，如现在是冬季，大多服装工厂在做的可能是夏季的衣服，而韩都衣舍的工厂此刻在做的是冬季的衣服，为什么要如此？因为只有在开始销售时才能更准确地知道哪些产品是受欢迎的。韩都衣舍协同了 240 多家这样的工厂，核心的工厂有 80 家，都做得非常好。

3）韩都衣舍二级生态：S2b 商业模式创新

在电商界，韩都衣舍是 S2b（supply chain platform to business，供应链平台为品牌赋能）商业模式的实践者，S 指服务供应平台，b 指众多的品牌，平台与品牌之间是赋能的关系。2017 年，阿里巴巴参谋长曾鸣认为，供应平台在未来五年有可能是最为领先的商业模式，数字化的平台通过实现网络协同促使众多品牌提高运营效率，逐步向数字化企业转变。

（1）"大平台"+"小前端"的"赋能"体系。

韩都衣舍将各个产品小组作为一个个的企业，其他部门相当于政府，为产品小组的发展创造更好的环境，为了做到更好的服务，必须进行赋能。产品小组就像孤军作战的一支部队，身后必须有强大的信息情报才能够使它们取得成功，而其他部门就相当于这个信息情报系统，这个体系就被称为"大平台"+"小前端"的"赋能"体系，这种大平台就是服务平台，小前端就是三人小组，韩都衣舍内部主要分成这两大组织。在韩都衣舍内部，服务平台下设产品企划部、市场部、生产中心等，负责品牌策划、运营、生产、产品摄影、物流仓储、客服、数据采集等公共性质的基础性工作。各个部门的具体职能如下。

市场部：把市场需求反馈给产品小组，赋能产品开发和客户运营。

信息中心：开发信息系统，为小组制体系提供数据支持。

产品企划部：对产品小组的货值分配、到货波段、下单深度、返单比例进行统一规划。

生产中心：把控供应链，保证小组货品交期，质检支持。

对于小组制，韩都衣舍赋予其明确的责权利：①责任，韩都衣舍在每年的10月会根据企业整体的业绩目标来确定每个产品小组第二年的业绩目标，这就是责任。②权利，第一是款式，小组内自己商量打算上市的款式；第二是颜色和尺码，每个颜色和尺码的库存也由小组来确定；第三是价格，韩都衣舍只提供最低价格标准，最终价格由小组成员敲定。③利益，就是奖金的提成公式，奖金=销售额×毛利率×提成系数。小组内的利润、奖金不是由韩都衣舍决定的，是小组自己干出来的。

韩都衣舍的各个产品小组都是相互独立的，它们在企业中的地位都是相同的，每个产品小组对某一品牌或某一款式负责，产品小组由三名成员组成，分别负责产品设计、销售页面设计及产品的库存和订单管理等，由其中能力比较强的人担任组长。在韩都衣舍的这种发展模式下，企业相当于一个大的平台，能够为各产品小组提供各种资源支持，以便能够更好地了解消费者的需求及喜好，设计出满足消费者个性化需求的产品。

每个产品小组都有一定的责权利，小组内部有明确的责任分工和利益分配原则；另外，企业内部的其他部门，如行政部门、物流部门、供应链部门及品牌的运营部门等对产品小组提供一定的支持，为各个产品小组赋能，这样企业内部就形成了赋能体系，这种体系的运行需要数据支持，韩都衣舍的组织结构管理基本都是数据化的。韩都衣舍对各产品小组并不是不进行管理，各产品小组也有一定的管理层级，每3~5个小组会产生一个主管，3~5个主管会产生1个部门经理，主管和部门经理主要负责小组之间的协调和部门之间的协调，除此之外，各小组内部也有自己的考核体系。

整体来说,韩都衣舍的总体发展模式就是内部平台化+无数蚂蚁战斗队,通过企业整个大的平台对各个产品小组提供支持,使产品小组在深入了解消费者需求的基础上设计产品。整个企业内部的利益机制都是透明的,各产品小组在责权利方面都是一致的,对产品小组采取排名制,排名并不是要淘汰某个小组,而是通过排名希望对排名比较落后的小组产生激励作用,激发它们的工作积极性和创新力。其三人小组制的核心为自主经营、自由裂变。

自主经营。小组的自主经营权是指小组可以对设计款式、尺码、价格、数量及促销折扣等自行确定,不需要请示上级领导,对于自主经营权最直接的表现就是可以自由支配小组的流动资金,小组的流动资金是与上一年度销售业绩有直接关系的,上一年度销售业绩越高,本期流动资金分配得就越多。当然,自主经营的另一面是责任承担和利益共享。产品小组需要对交易额、库存周转率和毛利率负责,除了需要承担一定的责任以外,韩都衣舍同样还有明确的奖励制度:奖励金额=(交易额-费用)×毛利率×提成系数×库存周转系数。虽然产品小组承担的责任增加,但是小组内部的利益分配可以由组长自行决定,这样极大地调动了小组内部成员的工作积极性,充分体现了自驱动的特点。

自由裂变。小组里觉得自己可以做组长的人,可以先分出来,一个人先干所有的工作,再去组合成员;销售额上不去的小组自动解散、重组;市场发生变动(好的变动诸如销售量激增,坏的变动诸如滞销)时自由分化或自动解散。分裂出去的小组成员如果加入了另一个新的小组,新的小组组长需要向之前的小组交一年的培养费用,而且分裂出去的成员每个月奖金的10%也会由财务部门直接转给原来的小组组长,这样原来的小组组长也不会产生不满,韩都衣舍通过这种方式来鼓励小组自由分裂和组合。

通过"小组制"的自由经营和自由裂变,韩都衣舍实现了以下几个主要目标。

第一,全体员工参与企业经营,员工参与企业经营分为主动参与经营和被动参与经营。主动参与经营是指小组成员是因为一定的责权利才组合在一起的,所以小组成员一定是要主动参与企业经营的;被动参与经营是指除产品小组之外的公共服务部门必须为产品小组提供服务,如果不参与将会被投诉,所以它们是被动参与经营的。

第二,培养员工的目标意识。相比于部门制的核算,小组制的核算要更精确、更透明,每个人的贡献都很清晰。每个人都可以计算出自己的收入,自然目标由个人自己定。

第三,让具有领导能力和具有创新能力的复合型人才能源源不断地出现。小组不断裂变、分化,使得具有创新意识和复合能力的人才不断成长、涌现。

第四,实现了自下而上和自上而下两方权力的博弈与协作。管控部门类似于政府机构,总想着控制和干扰,但自主经营体或个体总是在争取更多自由,避免受到干扰，双方既博弈又合作，可能会混沌，却不会失控。

企业发展的根本是人才，人才培养的根本是实践，只有打胜仗才能出干部。自主经营、自由裂变，韩都衣舍人才培养机制让企业生生不息。

（2）形成生态赋能产业链，全面助力云孵化。

韩都衣舍自2012年确立多品牌运营战略以来，相继推出了针对男装、女装、童装、中老年装等众多品牌服务，如专门给胖女孩做的"For Queens"，给甜美女孩做的"娜娜日记"等，都进行了个性化的品牌定制和提供了全方位服务。这些品牌都是在韩都衣舍大的生态系统下产生运营的，当发展到一定阶段，这个生态系统除了能够支撑韩都衣舍自身以外，还可以对外开放支撑其他品牌运行，这个模式也就是S2b模式。如果BAT（B指百度，A指阿里巴巴，T指腾讯）是一级生态，那么韩都衣舍对众多服饰品类提供专业服务的赋能型服务就是二级生态。二级生态主要是由品牌集群、三驾马车（韩都衣舍、智汇蓝海①、韩都动力②）、九大支撑、品牌服务等组成，与一级生态相辅相成、共同获益，阿里巴巴对韩都衣舍的体系进行深入了解之后也非常认可。能够支撑整个体系运作的最重要的部分就是商业智能，商业智能作为一个中心点能够对各项经营决策，包括操作层面的决策或者是战略、战术层面的决定提供一定的辅助作用。在这样一个赋能体系的运营之下，韩都衣舍累计云孵化的品牌已经有200多个，截至2019年底，正在运营的有74个品牌。

云孵化就是将一些品牌，主要包括互联网品牌、线下销售想转变为线上销售的品牌或者是国外想进入中国市场的品牌，利用店铺作为切入点，然后进行改造使其变成真正的电子商务企业，或者是运用大数据驱动发展的商业智能协同企业的整个过程。虽然这些企业都不属于韩都衣舍，但是它们都通过互联网与韩都衣舍保持着密切的关系，并且都共同在商业智能协同下运营。云孵化品牌在一定程度上能够促进韩都衣舍的发展，在2016年至2017年的上半年，云孵化品牌的销售额增加了一倍至两倍，除了国内的一些品牌之外，韩国、日本、美国、英国等国家的许多品牌也成为韩都衣舍的云孵化品牌，众多的品牌形成了韩都衣舍的品牌集群。

韩都衣舍正在以品牌商+服务商的模式蓬勃发展，打造具有全球影响力的快时尚品牌，打造具有全球影响力的互联网生态运营集团③。

---

① 指智汇蓝海互联网品牌孵化基地。
② 指山东韩都动力电子商务有限公司。
③ 【解读】韩都衣舍的管理创新. https://www.sohu.com/a/325672308_712171，2019-07-08.

2. 步步高

1）公司简介

步步高教育电子有限公司（简称步步高）于1995年在广东省东莞成立。以"给学习者带来便捷和学习的进步"为宗旨，步步高始终坚守本分、诚信的核心价值观，致力于电教产品的研发、生产、销售和服务，扎根于电教和儿童产品研发领域，发展至今超过20年。复读机、电子词典、点读机、视频学习机、家教机，一代代产品陪伴了一代代孩子的成长，也让步步高问鼎中国电教行业领导品牌。目前，步步高的终端销售网点超过18 000个，遍布在全国各大商场、超市及书店等，其范围覆盖中国的大部分地区[①]。

2）步步高人力资源数字化转型战略

零售行业在中国经历了三个阶段：①零售1.0阶段，是指从超市概念引入中国到电商崛起这段时间，主要做市场细分及规模经济；②零售2.0阶段，是指电商正式崛起阶段，主要表现为渠道扩充，进入流量经济时代；③零售3.0阶段，是指数字经济时代，主要特征为线上线下融合、业态跨界融合、生态资源融合及社区服务融合。相关研究报告显示，影响未来零售最重要的三大因素分别为便利性、互联网及移动通信。但无论如何，商业本质不会改变。如果把新零售看成人、货、场的重构，那么在新视角下思考人如何提供服务、货物如何抵达、场景如何设定等问题就显得至关重要。

在新零售的商业背景下，步步高调整其战略目标，致力于转型为一家数据驱动、线上线下融合的新零售企业。此外，步步高将该战略目标进一步分解，最终确定从以下三方面进行推动。

（1）数字化顾客，即记录顾客的数据脚印，建立网络连接，使得线上线下无缝连接，优化客户体验。

（2）数字化供应链，即建立B2B（business to business，企业对企业）共享采购平台、仓配一体化平台及零担运力共享平台，通过这些平台的开放，实现资源开放共享。

（3）数字化运营，即实现前端运营移动化、后端运营共享化，并高效提供业务洞察与决策，实现集团运营的高效协同。

总体来看，步步高数字化的最终目标为：通过提升组织效能，创造更大的价值，并为客户提供更优质的服务体验。

在人力资源管理方面，为承接集团的业务转型战略，步步高人力资源部制定了自己的人力资源策略。该策略聚焦三个关键词，即再造、分权与赋能。人力资

[①] 来自步步高官网。

源部致力于围绕这三个关键词将组织打造成能够小团队独立作战、快速适应企业的战略调整且能灵活应对市场变化的企业。步步高认为,某个点的改变很难推动组织真正意义上产生质变,因此其致力于打造一套适合数字化商业时代的体系来推动组织整体的变革。同时,当企业战略目标确定之后,人力资源最大的输出应是人才成果的输出,从而进一步产生商业成果。按照此逻辑,步步高从人才的招聘、发展、跟踪、绩效和培训出发,进行了一系列变革举措。其变革举措主要包括以下几个方面。

(1)职级体系扁平化。首先,在外部咨询公司的帮助下进行职级体系的扁平化。外部咨询公司从影响力、沟通、创新、知识及风险5个维度的12个因子出发,重新定义了步步高的组织层级。人力资源部以此为指导开始扁平化集团的职级体系,虽然过程中遇到很大的阻力,但其仍将原有的13个层级缩减为7个层级。职级的扁平化一方面带来了组织效能的提升,另一方面也使得集团内部资源得到最优化配置,并在公正、透明的环境下与员工进行沟通,使得整个组织以更加短、平、快的方式去接收并传递信息。

(2)职能中心共享化。步步高将人力资源、信息财务、风险、审计等职能部门在集团范围内进行共享化,以期打造强有力的后台。具体来看,步步高将所有职能部门分为三大类,即后台、中台、前台,分别负责决策、执行和操作。其中,后台主要对效率驱动、系统建设及流程规范负责;中台主要对专业驱动、资源整合和能力输出负责;前台则负责驱动业务、资源调配并提供具体解决方案等。总的来看,前台、中台、后台工作的基本逻辑为:后台将所有流程梳理清楚之后,由中台将这些流程进行模块化、数据化,最后由前台将平台与服务联系起来,直接为员工提供服务。以步步高人力资源的共享化为例,其依照"流程模块化—模块数据化—数据平台化—平台服务化"的思维路径将人力资源分为前台、中台、后台。前台直接与业务部门及员工产生关联。为了使前台更好地承接操作性事务,步步高打造了四个中心——人才获取中心、薪酬共享中心、人才发展中心及员工关系中心。通过以上四个中心,前台可承接近70%的操作性事务。中台主要负责人力预算、组织设计、招聘规划、调配机制设计和培养机制,同时进行资源配置与文化关怀等工作。后台则负责组织规划、绩效管理、薪酬体系与信息系统规划。

以上改变使得步步高的人力资源管理效率得到显著提升,如在招聘模块缩减50%的同时招聘响应率提升50%,且招聘成本降低30%。此外,步步高还对集团内的审批流程进行简化,推行最多只需要7人签字原则。步步高将所有流程的平均审批节点控制在5个,对于普通的、操作性事务的审批则只需3人签字。审批流程的简化大大提高了业务部对后台的评价。

(3)年龄结构年轻化。目前,步步高员工的平均年龄在35岁。为了使管理团队年轻化,步步高制定了一张集团各业务单元各职级招聘年龄标准表。除了这张标准表,为切实达到管理团队年轻化的目标,步步高还着力推进校企合作,并将校企合作放在战略性工作的位置上。步步高在其业务涉及的各省(区、市),包括湖南、四川、江西、重庆、广西等地均开展了"百校工程";集团与院校的合作不止停留于浅表,而是通过打造合作基地的方式,通过"1+2+3"的协作方式与各院校保持深度合作。步步高每年招聘的逾1万名新员工中,来自校企合作的员工为5 000人左右。年轻员工的加入,加速了步步高对原有陈旧的管理理念的更新,也为组织带来更多活力。

(4)人才培养立体化。步步高的人才培养分为纵向发展和横向发展方式。

纵向发展。为了更好地留住集团的年轻人,步步高为其制定了完善的立体培养计划。在该培养计划中,员工可自由选择纵向发展或横向发展。总体来看,步步高针对基层、中层、高层管理者均提供了相应的发展计划。例如,对基层管理者的后备大学生提供"大学生发展计划",并对不同院校背景的学生提供不同的发展计划,如面向大专生提供"未来星"计划;面向普通一本学生及较好专业的二本学生提供"启明星"计划;面向双一流院校和全球QS(Quacquarelli Symonds)世界大学排名前30%的学生提供"闪亮星"计划。顺利通过"星计划"的学生将进入正式员工的发展体系中。之后,步步高会为其准备"龙计划",即按照"育龙—潜龙—飞龙—蛟龙—云龙"的发展路径对其进行相应培养。若大学生经过1~2年的发展能顺利通过该培养计划,将被送入"剑计划"中继续培养,其可以独立开设门店,在实战中为职业生涯的发展提速。在"剑计划"中表现优秀的员工将会被集团锁定为中坚核心力量,并有机会参与更高阶的"鸿鹄计划"与"鲲鹏计划",通过以上两个计划的员工可以参加集团与中欧商学院合作的课程,并有望被快速提拔为集团高层。

横向发展。对组织来说,没有横向发展计划将会失去一部分组织活力,而对于年轻员工来说,横向发展计划与纵向发展计划同样重要。步步高会在以上提到的所有计划中将运营线与职能线打通。步步高的职能线人员具备较高的素质,因此若将这部分人才挖掘出来放在业务线中发展,可能会有意外的收获。为打通业务线与职能线,实现员工的横向流动,集团鼓励职能线员工在以上提到的任一发展计划中报名参与。若业务人员有转到职能线发展的打算,步步高也同样提供相应的转岗机会,因为在步步高看来,业务人员对业务的经验能使得业务与职能实现深度融合。经过几年发展,集团中高层外招和内培比例由5∶5变成了3∶7,而这一指标的下一个目标为2∶8。此外,通过鼓励员工在不同岗位间的轮换,步步高逐步打破了组织内部壁垒,实现了内部信息的快速流动,增加了组织在这个快速变化时代的灵活性。

(5)业务驱动合伙化。为进一步调动员工的创造性、积极性,步步高在集团内部推动合伙人计划,该计划致力于在成本最小化的前提下,实现员工老板化,并创造最大的价值。在步步高看来，只有将事业共同体的组织形式融入命运共同体的信念，组织的能力才能发挥至最大。在这个过程中，组织效能与收入、费用和时间紧密相关。步步高从这三个因素入手，致力于实现：①确立与市场挂钩的分部门核算制度，即用销售最大化、费用最小化应对市场的小部门核算；②培养具备经营意识的人才，从员工"要我干"的立场转变为领导人"我要干"的立场，不断培养其共同经营的意识；③实现全员参与的自主经营，即努力实现理念共有、目标共有、信息共有，提升全体员工的经营者意识，使其在工作中找到价值、体验成就感，并完成由事业共同体向命运共同体的过渡。

步步高搭建了一个自主经营的模型，该模型包括：一个经营哲学，即以人为核心的经营哲学；五大系统，即划分系统、核算系统、反馈系统、人才系统和管控系统；三张报表，即价值核算表、价值评估表、价值分配表；两个效能提升，即组织效能提升、员工效能提升。在步步高人力资源部看来，做合伙人最重要的是在集团范围内全面贯彻经营哲学。其将该哲学进一步细化为12条经营理念和8个行动准则，融于企业文化，在管理层会议时宣讲。为准确诠释以上每一条经营理念与行动准则，步步高均给出了具体的案例。通过对于文化、理念的宣导，合伙人概念深入人心，再配以相应的体系、流程、制度，步步高便顺利地将合伙人制度推行下来。

（6）授权体系前置。在完成以上工作后，步步高开始了集团内部的授权体系前置，即给员工授权赋能。授权赋能是创造性地分配权力，当两个或多个组织或个体共同分享信息、知识及责任时，总体权力会增加，故授权赋能不是权力丧失，更不是零和博弈。因此，在有了制度的保证后，步步高便放心大胆地对员工进行赋能，致力于"让一线听得见炮火的人决策"。在授权边界清晰、管理过程可视的前期下，步步高将总部的决策权下移至各事业部，授予其自主经营权。其中包括：财权，使其能自主调配预算内费用；人权，指总监级以下人员的人事管理权；业务权，自主制定经营策略并管理营销资源及日常业务活动。同时，收紧各事业部的部分权力，如财权，即由集团总部包揽预算管控；人权，即由集团总部进行高管的人事管理；业务权，由集团总部进行战略制定、风险把控、跨 BU（business unit，业务单元）重大资源调配等。如此，在可行可控的范围内，步步高通过收权、授权实现了"1+1＞2"的目的。

在这个复杂的时代，人力资源显示出独特的重要性。确保业务的成功是人力资本系统的最大使命。步步高的人力资源部从业务角度出发推进的一系列旨在提升组织效能的变革已达到预期目的，人力资源部也因此成为集团的战略合作伙伴。

3. 新安化工[43]

1）公司简介

浙江新安化工集团股份有限公司（简称新安化工）于1965年在浙江省杭州成立，主要从事农用化学品和有机硅材料两大产业，其产品在全球几十个国家和地区都非常畅销，并且国际知名度和市场占有率也在不断提高，2019年新安化工成功入选中国制造业500强。新安化工作为国家重点的高新技术企业，拥有非常多的科技成果，而且很多成果获得过国家或省级荣誉。新安化工非常重视人才培养，特别是对技术人才设立了专门的晋升通道，集团内部的青年人才占据了80%以上，同时还外聘了一些高级技术专家进行指导，为集团的长远发展奠定了扎实的人才基础。新安化工自成立以来始终坚持"用绿色化学创造美好生活"的企业使命和"客户为先、贡献为本、艰苦奋斗、共创共享"的核心价值观，正在朝着成为具有国际竞争力和持续生命力现代企业集团的目标前进①。

2）围绕"干部周志"进行人力资源管理数字化

近年来，浙江省比较注重数字经济的发展，并且以"数字产业化、产业数字化"为主线，全面实施数字经济"一号工程"。杭州提出全面推进"三化融合"行动，致力于打造全国数字经济第一城。随着数字经济风生水起，数字化转型已经逐步成为现代企业的核心战略。近年来，新安化工围绕企业智能园区项目打造了一个结构扁平、集中管控、资源共享、统筹协调的智能产业园区，同时在中高层管理干部中全力推行"干部周志"制度和信息化平台，为推动人力资源数字化转型找到了突破口。通过周志系统平台，给干部提供了自我管理和反思的工具，给上下级提供了交流的机会，促进了干部的学习和"反思"企业文化的落地，借助数字经济的引擎助力企业人才高质量发展。推进人力资源数字化转型是杭州实现传统制造业转型升级、智能化管理、经济高质量发展的强劲动能和必然选择。

（1）"干部周志"与人力资源数字化管理的探索。

2017年7月，新安化工为确保"反思"企业文化的落地有一个有效的载体，实施了"干部周志"，由主要领导主抓，并由人力资源管理部门成立了周志项目跟踪实施小组，定期跟踪和推送优秀周志、公布周志完成率等情况。在"干部周志"习惯养成的过程中，集团高管的带头对周志工作的有效推进起到了积极的作用。"干部周志"项目的有效推进，离不开周志的信息化平台建设。集团信息管理部门为干部提供了便捷的移动端写周志的平台，认真对待每一位干部使用周志信息化平台碰到的问题，快速响应，及时改进信息化平台，持续精耕细作。完备的信息化平台为周志大数据的积累奠定了良好基础。

---

① 方阳春，许娟. 人力资源数字化转型的实践与探索——以新安化工集团为例[J]. 杭州（周刊），2019，(31)：44-45.

2018年4月，集团开始实施"干部数字化管理研究项目"，引进浙江工业大学跨学科专家团，携手研究干部周志大数据，刻画干部业务和行为轨迹图。

（2）运用"周志"大数据分析干部行为现状。

2019年1月，集团借助浙江工业大学人力资源管理跨学科专家团的智力资源，运用"干部周志"的大数据，形成了第一份《新安集团2018年度干部周志大数据分析报告》。该报告根据国际权威的经理人胜任能力模型及人才优势模型，对"干部周志"内容进行大数据分析，形成干部行为表现图，分析干部队伍的现状，对后续干部队伍的建设具有重要的指导意义。

对照国际权威经理人模型分析干部行为现状。美国人事决策国际公司开发了一套成功经理人胜任能力模型，该模型把经理人的能力分为九个维度，分别为组织知识、组织战略能力、思维能力、行政能力、领导能力、人际交往能力、沟通能力、工作内驱力和自我管理能力。该模型全面地反映了优秀经理人应该具备的胜任力特质，对经理人业绩有较好的预测作用。新安化工以美国人事决策国际公司开发的成功经理人行为标准，对"干部周志"进行大数据分析。根据国际成功经理人胜任能力模型，给撰写周志的每一位干部画出行为雷达图。结合"干部周志"和干部绩效，发现优秀干部比一般干部在组织知识、领导能力、自我管理能力、行政能力和人际交往能力等方面强，尤其在组织知识、领导能力和自我管理能力三个方面更强。

集团干部的优势行为分析。为了更好地发现新安化工干部的行为优势，专家组采用国际权威的人才优势分析模型，该模型包括四个维度，分别为执行力、影响力、建立关系及战略思维。新安化工根据国际权威的人才优势分析模型，刻画出每个干部的优势行为轨迹图。根据人才优势模型和"干部周志"大数据的分析结果，发现优秀干部比一般干部在影响力和战略思维能力方面优势更加明显。

（3）以"干部周志"为突破口，推动人力资源管理数字化转型。

新安化工"干部周志"设计的初心是作为集团干部反思文化落地的载体，随着"干部周志"大数据的积累和深度分析，"干部周志"的价值呈现出指数级生长的态势。"干部周志"对干部自身思维模式、行为习惯的改变起到了很好的作用。最为宝贵的是，它为企业人力资源管理的数字化转型积累了管理干部行为大数据，成为新安化工在人力资源管理的数字化转型的实践与探索过程中的里程碑。

打造数字化工作场所和对话。新安化工利用周志信息化平台打造统一的数字化工作场所和对话，促进上下级的及时沟通和反馈，提升组织及个人工作的协同效率，降低团队沟通成本，提升干部的敬业度和使命感，提高干部队伍执行力、及时发现解决问题的能力和沟通能力。

实现数字化人力资源运营。在数字经济发展的趋势之下，集团的人力资源管理也应该顺应趋势进行变革，实现人力资源管理的数字化和流程化；通过科学技术的运用提高人才服务水平，深入了解人才的需求和行为，为集团的战略发展打造比较完善的人才供应链。

采用数字化人力资源决策。以集团在日常经营管理中的内部和外部人力资源管理数据为基础，通过科学的算法进行分析和计算，全面详细地了解集团人才的供给状况、工作情绪、行为等，对未来的人才管理遇到的问题进行科学预测，制定更加符合集团发展的人才政策及决策等。

推动组织变革。集团内部建立了"大平台+小前端"的人力资源赋能体系，促进集团能够快速顺应时代的变化。

总的来说，新安化工以"干部周志"的实践为起点，开启了人力资源管理的数字化转型之路。希望在不久的将来，人力资源管理的数字化转型能够在浙江省乃至全国各个企业普遍实施。

第 6 章　山东省民营企业引才用才对策建议

想要更好地吸引和留住人才，就要牢固树立人才是第一资源的理念，深入实施人才强省重大战略工程，实行更加积极开放有效的人才政策，推动人才结构战略性调整。

民营企业必须结合企业自身的实际情况，因地制宜地制定吸引人才、留住人才的制度，政府也需要厘清有效市场与有为政府之间的关系，提升人才引进政策的精准性，加快人才引进的平台载体建设，推进人才集聚的生态社区建设，调动企业引才用才积极性，建立人才市场动态跟踪制度，为民营企业提供优质的人才发展环境，从而使民营企业实现可持续发展和高质量发展。

6.1　企业方面的对策建议

据调查统计，山东省民营企业在引才用才方面存在着引进人才难、不能合理安排人才及留不住人才的问题，主要是由于企业自身的吸引力不够，主要包括企业提供的薪酬福利水平低，在员工的培训投入方面力度不足、培养意识不够，而且企业没有良好的发展前景来吸引人才加入。基于此，民营企业需要做到以下几个方面。

6.1.1　建立现代企业制度，完善内部管理

民营企业对于股东、董事、经理及员工等利益主体的权利和责任应该进行合

理的划分，对于职业经理人和工作人员适当地授予一定的权力，同时制定相互的约束机制，可以有效避免所有权与经营权分离的弊端。

对于家族式的民营企业，为了促进企业发展，不应该被传统的家族观念束缚，要大胆地聘用一些专门的管理和技能型人才，而且还要设计公平、公正、透明的职业晋升通道。

6.1.2 建立科学合理的考核和薪酬、激励制度

民营企业引进人才和留住人才难的主要原因是薪酬福利待遇比较低且社会保障体系不够完善。人才的价值在一定程度上可以通过待遇水平的高低来体现，民营企业要想引进和留住人才，必须建立合理的薪酬制度，使薪酬福利待遇与人才价值相匹配。大多数民营企业在薪酬管理方面存在以下问题：对薪酬界定的程序公平关注不够、薪酬界定缺乏理性的战略思考、忽视薪酬体系中的"内在薪酬"、员工的薪酬攀升通道单一、薪酬计量的具体方法陈旧等，因此着重解决这些问题可以解决民营企业的人才问题。

首先，为了实现企业的长期发展战略，民营企业在制定面向所有员工的普遍性薪酬激励政策的基础上，也应该制定区别化的薪酬激励政策，来调动员工的工作积极性。

其次，弱化家族式管理，民营企业很多由血缘关系相连的家族作为大股东控制经营，在企业发展过程中，家族成员发挥着主导作用。但是，当企业发展到一定规模后，家族成员无论从技术上还是管理上都会显露出不足，这时需要引进外来专业技术人员和管理人员，来克服这一缺点。

再次，增强人力资本与传统资本互动增长关系的认识，由于对物质资源和人工智能的不断开发，人力资本转化替代传统资本的趋势在现代企业发展中逐渐显现出来。作为对员工劳动力价值补偿的现金薪酬激励虽然在企业发展中是不可缺少的，但是在对人力资本激励方面不能够起到明显的激励作用。因此，企业在发展过程中必须进行一场股权多元化和决策权均衡的管理革命，在产权制度的安排上进行根本性的突破。除此之外，还要重视"内在薪酬"的激励作用，内在薪酬就是使人们在工作中能够得到满足的社会性因素和心理因素，如安全感、成就感、尊重感及自我实现感等。从内部因素出发来调动员工的积极性所起到的激励效果可能会更好，能够使员工受到激励之后能够主动地从事一些工作。

最后，实现薪酬计量方法的多样化，如薪点制、计时制和计件制、年金制、分红制等相结合。

除此之外，为了激发员工的工作积极性，处罚性的措施在日常管理过程中要尽

量减少,对于表扬性的激励要多加运用,这样员工不仅能感受到上级的关心,还能产生受尊重的感觉,在一定程度上有利于企业发展,实现员工与企业的"双赢"。

6.1.3 注重员工的职业生涯规划和管理

民营企业家应该认识到人才对于企业发展的重要性,要想吸引和留住人才要重点关注人才的职业发展并且为人才提供成长的机会。民营企业对于员工的职业发展应该有明确的规划,着重培养员工对环境的把握能力和对困难的解决能力,推动员工自我价值的实现。除此之外,关注员工的职业生涯设计,将企业的目标与员工目标结合起来,让员工感受到自我价值及产生强烈的归属感,对于企业目标的实现具有巨大的推动作用。

对于员工的选拔培训,民营企业应制定科学的培训内容,选择合理的培训方式,对参训人员做到"量体裁衣",建立科学的培训评估体系。对于人才的选拔配置,要内部选拔和外部聘任相结合,内部选拔的好处是既让后来者看到晋升的希望,鼓励人才的积极性,上进有动力,又可以保持生产的稳定性;外部选拔可以为组织不断补充新鲜血液,因为新员工能带来新的思想、新的做法,促进组织进行管理创新、技术创新和制度创新,进一步增强组织的竞争能力。

6.1.4 提高人力资源管理水平

人力资源管理最重要的是把人留住,把心留住。人的物质需求是无限的,但是人们在追求物质需求的同时也会对自己的物质观念不断地进行修正,因此企业要做好对员工的期望值管理。

企业在人力资源管理方面,应该注意以下问题:①审视岗位任职资格条款的科学性。②要根据企业的发展和员工自身的实际情况来分析员工在企业的成长空间,不要过分夸大,要真实地对员工的职业生涯发展做好规划设计。③慎用测评工具。④正视薪资和激励的作用。企业既要会招人,更要会放人。⑤绩效考核的结果既要与奖励挂钩又要与处罚挂钩。

6.1.5 加强企业文化建设

企业文化对企业中的每个人都会产生潜移默化的影响,对于吸引和留住人才具有很大的作用，发展成功的企业都比较重视企业文化建设。除此之外，企业家的个人魅力对于吸引和留住人才也有很大的作用，有研究认为未来的领导主要靠个人魅力而不是权力起作用。

民营企业应该重点关注企业文化建设。第一，企业要认识到企业文化是一种价值观，而不是文体活动，企业文化是通过精心的培育和薪火相传慢慢建立起来的。第二，企业文化中，企业的核心价值观建立起来之后，必须写入企业的根本制度，企业的根本制度是企业中每个人都必须遵守的。第三，在基于价值观的行为中，员工必须处于关键位置。员工是刺刀，不是手榴弹，它是可循环使用的武器。第四，企业文化不能文过饰非、形式主义。民营企业凭借其制度优势必须消除一切虚假的东西。第五，企业文化必须形成共同的语言。共同的语言是指普通话，语言的统一对于加强沟通和拉近距离具有很大的作用，而方言或者小集团术语都仅仅代表了地方性或者小群体的思维。

6.1.6 建立校企合作人才培养机制

建立校企合作人才培养机制涉及学校、企业、政府、行业协会、社会组织等，要明确校企合作是为了培养能够推动社会经济发展的应用型人才，对于学校方面来说，要在明确市场需求的基础上，以理论为基础、实践为导向，在校园中培养学生的职业精神，承担学生在学校和社会之间的衔接工作。在企业方面来说，关于与学校之间的合作要积极参与，提供一些必要的资源，企业应该认识到校企合作是为企业培养人才的有效途径，能够在提升企业的文化软实力同时体现企业的社会责任。为了保证和规范校企合作人才培养机制，需要多方面共同努力。企业以经济效益为主，学校以社会效益为主，虽然双方利益出发点不同，但是对于培养人才则是共同的目标，学校的培养能够为企业提供优秀的储备人才，企业在优秀人才的基础上才能够实现长远发展，因此提升人力资本的质量是校企合作的共同出发点。

为了保证学校和企业之间的顺利合作，双方可以共同建立一个有固定办公场所和领导团队的校企合作办事处，校企合作办事处的主要任务是时时关注行业和企业的人力资源需求，在此基础上对于学校的教育计划和企业的人力资源开发计划及时进行协调，为参与校企合作的参与主体，包括学生、教师和企业管理人员等之间的沟通提供保障。校企合作办事处的职责之一是对实习进行管理，通过签订书面实习合同对参与校企合作各方的权利和义务进行约束，为了保障学生和企业双方的权利，需要对学生实习期间的各项事务予以明确，通过各方参与和监督，促进学生在企业提供的实习平台认真参与实践。

6.1.7 建立数字化转型的人才服务实训基地

企业建设数字化转型的人才服务实训基地要做到以下几点：首先，需要有一定的物理空间，这些空间主要用于固定的沙龙或培训场所、可以满足数字化转型服务机构集聚的小型园区，以及满足品牌机构/服务案例的展示空间等；其次，需要企业对于该实训基地有一定的政策支持，如对数字化管理师培训的奖励支持、提供相关的活动空间支持、支持建立城市主题产业数字化人才数据库等；再次，需要有一定的配套服务体系，如设计不同主题的产业服务体系、对接产业园区的市场（客服）体系等；最后，需要有一定的融媒体进行传播，建立"城市企业数字化转型"的融媒体平台，形成"政府政策解读+专家趋势讲解+企业服务宣讲+典型案例传播"四位一体的信息渠道，并且将平台打造成为"企业数字化转型"的市场平台等。

数字化转型的人才服务实训基地的建立，可以展示不同主题的产业数字化转型的"标杆案例"，也可以培养不同主题产业的多层次数字化管理人才。除此之外，还能产生一系列的衍生服务，包括数字化服务机构的双招双引服务、面向实体企业的数字化人才引进服务、与实训基地相关的商务配套服务等。

6.2 政府方面的对策建议

调查研究显示，关于引才用才问题，政府方面也存在一些问题，其中包括：相对于留才，政府更加注重引才，对于科研院所、高等院校及国有企业的重视程度高，对于企业特别是民营企业的重视程度低。因此，作为政府来说，要充分认识到留才的重要性，提高对企业的人才队伍建设尤其是民营企业人才队伍建设的重视程度，而且政府制定的人才政策也要对人才具有强烈的吸引力。对于政府方面，应该做到以下几个方面。

6.2.1 运用政策激励杠杆，激发民营企业人才干事创业的热情和智慧

对民营企业人才的奖励应该在政府人才补偿基金中占一定比例。政府各部门

和行业需要根据不同层次人才的专业性和行业要求，建立和完善民营企业人才的评估、评价和反馈制度。通过完善各类职称评估体系和职业资格认证规则，建立基于个人综合素质、能力水平和工作能力的科学、公正、高效的综合评估体系，建立民营企业的人才发展通道。在迫切需要高级专业技术职称和新引进的民营企业专业技术人员的情况下，可提供相对应的补贴。

依托大学和职业学校等各类教育培训机构，建立多层次、多学科、多渠道的企业人才培养体系，积极发展职业教育，加强基于通识教育的核心技能培养。为所有人提供免费的职业技能培训，鼓励民营企业建立培训中心，并且为其提供必要的补贴和指导。应特别注意培养具有"工匠精神"的创新科技人才和高技能人才。增加政策资金，并以安置费用、绩效奖励、项目融资、基于政策的投资和融资等形式，对民营企业的人才创新和企业家精神提供政策激励。加大对资金和住房的投入，实行"人才安居"工程，建立以不同水平的人才购房和住房补贴为主要内容的安置补助制度。支持民营企业对首席技术人才给予一定的资助，建立首席技术人才制度等。

鼓励民营企业的各种技能型人才参加各级技术竞赛，并且对其创新成果和突出贡献进行奖励。建立项目资助制度，对研发机构、研发项目和创业项目进行资助；建立政策性的投融资制度；等等。

6.2.2 发挥"最多跑一次"改革的牵引作用，优化人才创新创业生态环境

对于有关人才开发和人力资源市场，人才评估和人才安全的法律法规等提高贯彻落实力度；提高社会保障水平，包括医疗、教育、住房、文化等，减轻民营企业人才的后顾之忧，降低高房价和子女教育对民营企业人才的挤出效应。

建立健全快捷高效的线上线下服务平台。在线上可以实时在线搜索最新的人才政策和执行进度，在线下可以通过一站式集成服务平台享受"最多跑一次"的便利。通过安排人才服务专员和设立统一的窗口，为医疗、教育和政策执行等各个方面提供全过程的快速服务。完善法律保护和服务，加强知识产权保护，建立知识产权侵权行为查处快速反应机制，完善知识产权金融服务平台。完善科技成果的使用、处置和收益管理制度，以及科技成果变动的奖励制度。加强舆论宣传，营造"尊重知识，尊重人才"的良好社会环境，营造创新创业的氛围。为了支持民营企业文化的建立，促进其企业文化的创新，实现从传统的"家庭文化"向科学的"企业文化"过渡，成立政府企业文化基金，为民营企业的企业文化发展提

供一定的资金补助。

支持各种组织举办各种必要的学术会议、创新创业大赛和高新技术成果展览等，并建立各种人才交流和学习平台，为民营企业的发展提供必要的支持。尤其是在城市边缘的城市化水平低于工业化水平的开发区，虽然民营企业和人才众多，但缺乏医疗、文化、商业、公共交通、金融、法律和咨询等服务，需要加强对类似地区的公共基础设施建设，加速产业、社区和文化的融合过程，弥补服务缺陷，改善环境质量，为人才创造一个舒适生活、舒适工作和安心发展的场所。

6.2.3 支持民营企业实行股权激励制度，构建民营企业与人才的"命运共同体"

民营企业应该与人才之间建立"命运共同体"，使得企业的长期发展战略与人才职业发展相结合，让人才产生归属感，降低人才的流动率，调动人才的工作积极性，激发人才的潜在能力，发挥人才在促进企业发展方面的支持作用。政府应该支持民营企业优化股权结构，以促进投资者、管理者和科学技术人员的差异持股，实现股权激励制度，并根据人才能力及岗位的差异，在贡献增加和风险控制原则的指导下，对人才采取股份奖励、认购奖励、股份期权、干股等激励方式，并且对管理者及技术人员出资入股的具体方案进行修改完善，促进股权激励制度的规范化和常态化。通过股票激励制度维持人才，将好"保姆"变成"父母"，好人才变成"股东"，消除家族企业的弊端，打破产权的封闭性；建立能够激发企业活力的完善的现代企业制度，奠定企业创新发展和转型升级的基础。

因此，政府应该创造良好的舆论环境并且制定智库和财税、金融等政策来支持民营企业实行股权激励制度，为此，政府需出台优惠待遇和补偿政策，以鼓励和支持民营企业实施股权激励制度，并提供良好的舆论环境、智囊团、财政、税收和财政政策支持，以便民营企业可以实施股权激励制度。为了解决人才可以购买股份的资本问题，政府可以通过协调银行允许用股权抵押申请贷款。

6.2.4 加大培训教育力度，提升民营企业家留住人才的能力和水平

留住人才在很大程度上受到民营企业家素质、管理艺术和企业发展战略、管理模式、治理方法、制度体系和企业文化等因素的影响。因此，对民营企业家应

当通过"走出去"和"请进来"相结合、"线上"和"线下"相结合，对其进行多层次、全方位的培训。"走出去"是指组织民营企业家利用优质的教育资源去北京大学、清华大学、复旦大学、浙江大学等大学，各级党校及专门的教育学习机构去学习；"请进来"是指通过建立"企业发展论坛"和"企业家沙龙"邀请专家、学者、部门负责人和优秀企业家举办讲座对其进行培训；"线上"是指建立企业在线培训平台并引入高质量的在线培训资源，侧重于战略管理、系统构建、业务决策、市场运营、开拓与创新、人文素质、领导艺术、企业文化、团队建设等方面的培训；"线下"是指组织企业家参观先进企业，与优秀企业家进行交流和互动，感受成功企业的氛围并在现场学习成功经验。

通过加强教育和培训，促进民营企业家提高整体素质，指导民营企业建立现代企业制度（该制度应具有明确的产权、明确的责任和权利、规范的治理、科学的管理和合理的治理结构等），最终达到提高民营企业家留住人才的能力和水平。

6.2.5 政府做好对校企合作培养人才机制的政策扶持及资金保障

国外很多国家实行了校企合作，它们的成功经验表明，政府的支持和指导是确保校企合作顺利进行的前提。德国政府颁布了《联邦职业教育法》并认可了"双元制"职业教育专业目录，得到国家认可的社会职业也得到公众的认可和支持；英国政府为了鼓励学生继续深入学习，保证教育的公平性，特地发布了白皮书，让更多学子在政府政策支持下合理规划学习；美国为了促进在职人员的技术水平专门成立了社区学院体系，该学院是由政府出资建立的具有公立性质的办学机构；日本政府和企业投入大量资金建立了校企合作平台，并且为校企合作提供法律支持，专门设计了"协调者"制度，除此之外，日本政府为了给毕业生提供继续学习的机会，或者是在职人员获得硕士和博士学位的机会，特地加大了财政拨款的力度。

2018年，国务院颁布了《职业学校校企合作促进办法》，以促进现代职业教育发展，完善职业教育培训体系。该办法指出，"国务院有关部门和地方各级人民政府应当建立支持政策、服务平台和保障机制"，来保证校企合作的顺利实现；"地方人民政府有关部门在制定产业发展计划、产业激励政策、脱贫攻坚规划时，应当将促进企业参与校企合作、培育技术技能人才为重要内容，加强指导、支持和服务"。各地方政府应该根据各个地区经济发展水平、社会人文环境制定出符合各地发展的一些政策，对校企合作政策细节进行深入探讨。

在资金保障方面，政府对于参与校企合作的企业的支持主要体现在税收优惠、多渠道融资的监管等方面，校企合作的可持续发展取决于政府的财政支持力度。

《职业学校校企合作促进办法》建议根据应纳税所得额的计算方法扣除企业收取的学生实习收入和企业产生的与员工培训费用相关的合理费用。县级以上地方人民政府可以对在校企合作中取得显著成绩的企业提供相应的优惠政策，鼓励职业学校与企业共同建立生产型培训基地，并且在政策方面给予一定的优惠支持。

6.3 社会方面的对策建议

关于民营企业引才用才方面的问题，社会层面上最大的问题就是对民营企业的认识，目前仍然有一部分人认为国有企业更好，认为国有企业工作稳定，福利待遇好而且工作轻松等，从一定程度上来说对于民营企业有一定的偏见，虽然受到高等教育的知识型人才或技能型人才有自己的判断能力，但是社会风气对于他们选择工作也有一定的影响。因此，在社会层面最重要的就是形成对国有企业和民营企业同等对待的风气，只有这样对于民营企业引进人才和留住人才才会有更好的推动作用。

行业主管部门及行业组织和学校等在培养人才及留住人才方面也应该发挥一定的作用，特别是在校企合作培养人才方面。行业主管部门和行业组织应该在促进校企合作方面充分发挥作用，积极地引导企业提出校企合作意向或计划，参与校企合作绩效评估，为校企合作提供必要的支持和服务。在校企合作方面，学校应根据就业市场的需求和区域经济发展的实际情况，积极与企业开展人才培训、技术创新、就业和创业等方面的合作。在德国，学校最早发现了人才培养问题，经过与企业的积极联系和深入企业进行调查研究，在明确了市场需求的基础上对自身专业的设置、教学方法和教师队伍建设进行了完善，从而形成了"双元制"的校企合作模式。其中，学分制的灵活运用也为真正参加学习并获得学历证书的学生提供了多种渠道。英国的职业教育提倡"1＋3＋1"或"1＋2＋1"模式，以实现工作与学习之间的过渡，更重要的是，在这种模式下学校将会在深入了解企业或者行业发展需要的基础上来设置专业和教育教学的内容，同时为在校生提供一定的资助，更加注重社会研究。美国社区学院在了解社会需求的基础上及时地对招生和培养计划进行调整。日本的职业教育学校与和企业之间联系密切，经常会邀请学生到企业参观，了解生产过程，并鼓励学生提前制订职业计划和进行职业定位，并且学生必须在学习期间定期返回企业进行实习和技能培训，做到理论与实践的密切结合。

根据我国的国情，学校应该在校内建立校企合作联合管理部门或科研中心，由企业和学校来合作制定专业标准、课程体系及教育标准等，企业内部可以建立具有特色的实习培训基地、技术和产品开发中心、学生创新及员工培训和技能评估的一些机构。职业学校需要制订校企合作计划，在计划中要明确指出建立适合校企合作的教育组织方法和管理体系，对相关机构和人员的具体职责进行明确，对教育内容和方法及质量评估体系不断完善，同时要指出企业应该提高技术水平保证为人力资源的开发和技术升级提供必要的支持和服务。在学校教师扎实的理论基础和丰富的教育经验的基础上，学校可以与企业共同来制订人才培训和员工培训计划等。校企合作可以实现双主体育人，在企业对人才需求的基础之上来招募学员，通过学校的理论学习和企业的实践来共同培养人才，同时大力鼓励学校教师参与合作，和企业协商制定教学内容和形式，对于参与校企合作的教师在职称评定方面应该给予一定的优惠待遇。对于职业学校与企业之间的合作，必须通过平等谈判达成合作协议。合作协议应该对合作目的、任务、内容和形式、权利义务及合同的签订期限等事项进行明确规定，其中，对于接受实习的企业的合作期限应为三年以上。

营造良好的社会环境也是吸引人才到山东省的好办法，每个人都希望生活在政治、经济、文化发展良好的社会环境中，社会环境对于人们居住城市的选择有比较大的影响。通常，一线城市的社会环境比其他城市的社会环境要好，山东省必须积极学习一线城市，营造良好的社会环境和干净真诚的氛围，使山东省各市成为以公平、正义、自由与平等为主题的城市，提升山东省对人才的吸引力，增加民营企业引进人才的机会。

第7章 结语：山东如何进一步弘扬企业家精神

在山东省新旧动能转换的重要时期，民营经济作为经济发展的重要力量，其作用不可忽视。市场竞争日益激烈，民营企业要想在激烈的市场竞争中占据一席之地，引进人才是必由之路。

本书首先对山东省民营企业的引才和用才现状进行分析，分析发现，山东省民营企业引才用才问题突出，主要有引进人才难、留住人才也难的问题。山东省是人口大省，但是民营企业在引进人才方面面临着困难，而且民营企业大多是家族式企业，家族式管理使得人才的作用无法得到更好发挥，人才晋升路径不明确最终导致留不住人才。山东省引才用才问题与多方面因素有关，政府、企业和社会需要借鉴先进省（区、市）的优秀做法来解决这一问题。总结起来，在政府方面一是运用政策激励杠杆，激发民营企业人才干事创业的热情和智慧；二是发挥"最多跑一次"改革的牵引作用，优化人才创新创业生态环境；三是支持民营企业实行股权激励制度，构建民营企业与人才的"命运共同体"；四是加大培训教育力度，提升民营企业家留住人才的能力和水平；五是做好对校企合作培养人才机制的政策扶持及资金保障。在社会方面，最重要的是形成一种正确的引导，正确对待国有企业和民营企业的差别。对于企业方面，应加强自身建设，提升企业核心竞争力，增强对人才的吸引力，特别是关于薪酬与考核等方面，需要建立科学的激励制度，并且还要重视员工的职业生涯规划和加强企业文化建设。在高质量发展阶段，人才是促进产业升级和新旧动能转换的核心资源，政府、社会和企业都必须高度重视这一问题。

社会文化氛围对于民营企业发展和人才择业观念具有深刻的影响。本章将对民营企业引才用才问题进行延伸探讨。

2022年2月7日，山东省委、省政府在全省工作动员大会上对优秀企业家进行隆重表彰。这是山东尊商、重商、爱商、大力弘扬新时代企业家精神的一次实际行动。

企业家是社会经济活动的重要主体，企业家精神是宝贵的社会财富，要激活市场主体活力，本质上就要激发企业家的活力。面对"百年未有之大变局"，在我国经济增速换挡期和结构转型阵痛期，弘扬新时代企业家精神加强企业家队伍建设对于促就业、稳增长尤为重要。

表彰企业家，点燃了山东省经济高质量发展的"引擎"。奖一个带一批，奖几个成一片。对受表彰企业的激励作用、行业龙头企业的示范作用、企业家群体的"羊群效应"，将会产生经济发展乘数效应。

表彰企业家，实质性肯定了企业家的生力军地位。企业家群体是一个独特群体，承受着巨大的精神压力和身体压力，有其固有的、特殊的精神特质和个体需求。这样的隆重表彰与奖励，无论对于获奖企业家还是更多市场主体、社会大众，都有着良好的激励效应，可以起到鼓励万众创业创新的作用。

表彰企业家，引领山东省经济的未来发展。一年之计在于春，"春种一粒粟，秋收万颗子"。此举是一个信号机制，将进一步在全社会营造尊重企业家、激励企业家、保护企业家、服务企业家、关爱企业家、培养企业家的良好氛围，"滞后效应"将逐步显现，激励广大企业家踏踏实实做实业。

1. 山东省弘扬企业家精神过程中遇到的深层次问题

山东省一直高度重视弘扬企业家精神、加强企业家队伍建设，但在实践过程中，仍存在着几方面深层次问题。

1）政府、市场边界不清，政商关系异化

当前市场经济体制尚在完善之中，企业决策往往会受到很多非市场因素的影响，现实中一些公权力仍然会介入经济领域，导致政商关系异化，政府部门行为错位、越位及缺位时有发生。例如，一些企业家无心思走正路，不是靠奋斗，不是靠创新，而是更多专注于与官员关系的维护。又如，一些国有企业负责人往往是上级直接任命，没有科学公平的选拔机制，致使企业经营管理水平徘徊不前，不仅制约了企业长远发展，也不利于企业家精神的培育和弘扬。

企业家调查系统调查表明，包括产权保护在内的法治环境、政商环境和社会诚信环境对企业家精神的影响非常重要。但在山东省部分行业和区域，仍然存在"潜规则"，企业经营者在市场环境里"谋生"。

2）政策落实不到位，执行缺乏灵活性

《中共山东省委、山东省人民政府印发〈关于弘扬企业家精神支持企业家干事创业的若干措施（试行）〉的通知》（鲁发〔2019〕17号）提出了尊重企业家、激励企业家、保护企业家、服务企业家、关爱企业家、培养企业家的22条措施，内容比较全面。山东省内各地市（县）也都提出了大同小异的政策措施。但各地市（县）具体落实的差异比较大，部分地域政策缺乏连续性和稳定性，而企业投资具有长期性和风险性,最怕政策多变。

3) 媒体宣传活动形式单一,教育对象不够精准

《关于弘扬企业家精神支持企业家干事创业的若干措施(试行)》指出,在山东省级新闻媒体开设宣传优秀企业家专栏和专题节目,广泛宣传优秀企业家先进事迹。但在落实过程中,存在几方面问题:一是宣传教育主体意识不强,教育对象缺乏精准度;二是宣传教育缺少整体规划、相关部门缺乏协作配合,新闻媒体宣传主阵地作用有待进一步发挥;三是宣传形式载体过于传统,对于新技术和互动方式的运用不够,缺乏创新,宣传效果不够持久,影响力有待进一步提升。

4) 传统儒家文化与企业家精神在实践中融合比较困难

山东历史悠久,文化灿烂素有"孔孟之乡,礼仪之邦"的美誉,是中华民族儒家文化的发祥地之一。儒家思想对于山东政治、经济、社会等各个方面影响巨大。儒家文化和企业家精神在理论上可以融合,但在实践中存在不少冲突。

例如,儒家的中庸之道与追求极致的企业家精神,存在不少思想冲突。诞生于大陆平原环境的儒家思想,主张"天人合一",反对改变、争斗和冒险,追求不偏不倚的中庸之道。这与发轫于海洋环境的企业家精神中蕴含的不满现状、勇于冒险、敢于打破常规、追求极致、永不满足的开拓精神,形成了极大反差。笃信"不创新,毋宁死""只有偏执狂才能生存"的企业家(如乔布斯和马斯克),在儒家看来,是不可思议的。

"君子喻于义,小人喻于利"的义利观,泯灭了人们追求财富的成就感,助长了重言轻实、重志轻功乃至消极无为作风的形成。企业家精神至少是"君子爱财,取之有道"。

"学而优则仕",重仕轻商的官本观念,深刻影响了年轻人的择业观念和社会创新创业氛围。山东省的"官本位"思想较重,改变不容易。

弘扬企业家精神并不是要丢弃儒家文化,而是要合理"扬弃",弃其糟粕,取其精华。在市场经济土壤上萌生的企业家精神,能否嫁接在中华儒家文化的根茎上,用儒家的人文精神去哺育和升华它,使它具有东方魅力和文化特色?儒家文化的集体主义、团结互助、厚德载物、宽恕谦敬、勇于奉献、勤俭节制、舍生取义等精神品格能否成为克服或缓解西方国家市场经济条件下企业家所患的"精神综合征"?诸如极端个人主义、人情淡漠、享乐主义、贪得无厌、紧张冲突及烦琐的法律诉讼程序等弊病。这是一个渐进的长期过程。

2. 进一步弘扬新时代企业家精神的建议

进入高质量发展阶段,增长模式已经从投资驱动、要素驱动向创新驱动转型,创新成为经济和企业发展的原动力,而企业家精神的本质和核心就是创新、敢于承担风险。因此,在面临需求收缩、供给冲击、预期转弱三重压力下,进一步弘

扬新时代企业家精神有着提纲挈领的作用。

1）优化营商环境特别是积极改善政商环境

第一，厘清政府、市场边界，拓展企业家精神生长空间。管住政府"有形之手"、发挥市场"无形之手"，给各经济主体以平等的市场地位。2020年，民营经济贡献了60%的税收和GDP，70%的科技创新成果，80%的劳动就业，90%的企业数量。如果说国有企业是支柱，那么，民营企业就是土壤。无土壤，何以立柱？2018年10月20日，习近平总书记给"万企帮万村"行动中受表彰的民营企业家的回信中说："民营经济的历史贡献不可磨灭，民营经济的地位作用不容置疑，任何否定、弱化民营经济的言论和做法都是错误的。"[1]弘扬企业家精神，必须确保规则公平、稳定预期，让企业家对发展前景、社会大势有足够的信心。

第二，完善法律环境，切实保护企业家的合法权益。市场经济应是法治经济，要靠法治为市场经济护航。当前企业家最担心的问题之一是创业初的原罪，目前检察机关正在搞企业合规，检察机关以审查犯罪为切入点，排查企业管理存在的问题，若整改到位，企业对政府和社会若有贡献，被处理的人为主要负责人的，可以减轻处罚或免予起诉。2021年4月，最高人民检察院下发《关于开展企业合规改革试点工作方案》，启动第二期企业合规改革试点工作，试点范围涉及北京、上海、江苏、浙江、山东、广东等十个省（市）。最高人民检察院推动的企业合规改革试点工作既贯彻落实了宽严相济的刑事政策，又激励了企业完善内部治理与合规机制，充分发挥了检察职能作用，保障了经济社会高质量发展，是助力推进国家治理体系和治理能力现代化的重大创新举措。山东省应在这方面争取走在全国前列，推出系列典型案例，坚定企业家发展信心。

第三，构建"亲""清"政商关系，赋予企业家以精神正道。当前的反腐不仅为市场经济"护航"，也有利于营造"亲""清"新型政商关系，呵护企业家精神长期成长。

2）抓好政策落实的有效性、针对性和灵活性

一是抓好《关于弘扬企业家精神支持企业家干事创业的若干措施（试行）》（鲁发〔2019〕17号）的落地。切实解决政府职能部门对企业干扰过多的问题。对损害企业利益的违规违纪行为，严肃追究问责。开展"访民企、办实事、强信心、促发展"走访调研、"企业服务年""惠企政策落实年"等系列活动，组织相关职能部门到企业现场办公，为企业解决实际困难，将企业需求与有效服务有机地结合起来。针对企业存在的主要困难，着力搭建信息服务、融资服务、技术支持、人才培训、创业辅导、市场开拓、政策法律等服务平台，建立健全全方位、多层

---

[1] 习近平给"万企帮万村"行动中受表彰的民营企业家的回信. http://politics.people.com.cn/n1/2018/1021/c1024-30353581.html，2018-10-21.

次的服务体系，加大协调服务力度。全面推动各项政策落地见效，提振企业家发展信心，增强企业家获得感。

二是加大对优秀企业家的宣传力度。在不断完善的基础上，根据《山东省优秀企业家表彰奖励办法》（2021年），每年从讲政治、讲法治、讲诚信，重人才、重创新、重责任，业绩好、贡献大的企业家中，评选一批"优秀企业家"。采取文化引领模式，通过媒体宣传激励企业家，通过艺术创作（电影、小说等）展现企业家，提高企业家的社会美誉度和知名度，在全社会营造尊重企业家、支持企业家的浓厚氛围。

三是提高宣传教育活动的规划性和精准度。企业家精神的培育要从小抓起。对于青少年，不能仅培养循规蹈矩、听话、不担风险、会考试的学生，还需要培养具有批判性思维和独立思考精神的学生。对于高校，要深挖优秀企业家精神案例，开设中国特色的工商管理硕士（master of business administration，MBA）课程，不能照抄照搬西方的培养体系。

3）塑造良好社会文化生态，厚培企业家精神土壤

培育企业家精神，还需要引导民众理解企业家在市场经济中的作用和独特地位，纠偏仇富心态。企业家承担了一般人难以承受的工作强度、压力和风险，企业家的创新给社会带来了巨大的收益，理应得到市场和社会的回报。通过对企业家政治上引导、工作上支持、生活上关心、人格上尊重，形成宽容、宽松、宽厚的"三宽"环境。对于企业家思想上出现的错误倾向，要批评教育，帮助其不断提高。对企业家既不棒杀，也不捧杀。

3. 进一步加强山东省企业家队伍建设的建议

对于正处于新旧动能转换关键时期的山东省而言，培养造就一支懂经营、会管理、善决策、能创新的优秀企业家队伍，具有突出的战略意义。

1）坚持党管人才完善企业家队伍建设顶层设计

一是把企业家人才队伍建设纳入山东省人才工作重要内容。树立"企业家是最宝贵的财富和最稀缺的资源"理念，把企业家队伍建设纳入人才总体规划，列入各级党委政府的重要议事日程，建立由山东省人民政府分管领导担任总召集人的联席会议制度。

二是畅通政府与企业家信息交流渠道。完善省、市、县级领导联系企业家制度。开展"企业家评议政府"活动。在考评社会满意度调查中，设立企业家专项样本，采取电话调查、问卷调查等方式，征求企业家对职能部门和各级党委、政府的意见和建议。

2）不断提高企业家队伍的整体素质

一是加大对企业家的培训和培养力度，特别是要强化企业家实战培训，定期

组织企业家到经济发达地区和国内著名企业参观学习，帮助企业家开阔眼界、提升境界、增强素质，进一步提高其创新能力。

二是制定科学的企业家队伍培训规划。根据各地企业家实际情况，针对不同行业、不同特点和不同发展方向，合理安排学习时间，设计培训课程。关心"二代企业家"成长，为其发展创造良好条件。鼓励企业家深造进修，提升现代经营管理水平，培养企业高素质"带头人"。多种形式给企业家创造互相交流的机会。

三是引导企业家树立自主创新、自我超越的发展理念。企业发展的最大瓶颈是企业家，最大推动力也是企业家。企业家必须实现自我超越，从"商人"脱胎换骨为"企业家"，从做生意转变为做事业。引导企业大力引进具有世界眼光和创新能力的职业经理人，促进企业产业结构优化升级。

3）不断优化完善企业家队伍建设工作机制

一是进一步理清政企关系，为国有企业干部成长提供市场化环境。打破国有企业干部选拔的传统行政级别界限和"阶梯式"选拔任用模式，建立能力和业绩导向的市场化干部选拔任用机制。建立以聘任制、任期制和经营目标责任制为核心的职业经理人契约化管理制度。突出党组织在市场化选聘中的两项功能：选人的把关作用和用人的监督作用。好的国有企业一把手是企业家、政治家和专家的集合体，但核心定位还是企业家。国有企业要发展，首先要选好一把手。一把手的标准是"胜任"，而不选圣人、完人。

二是按照市场化和职业化的要求，积极探索、建立符合山东省实际的企业家市场化发现、评价和任用机制。积极搭建企业内部优秀年轻人才展示交流平台，鼓励和引导企业按照民主、公开、竞争、择优的原则，在企业内部推行公开选拔、竞争上岗等选人用人机制，促进企业优秀人才脱颖而出，形成企业家队伍的"梯队"结构。

参 考 文 献

[1] 李卓妮. 大数据时代下企业精准选择人才探讨[J]. 现代商贸工业, 2019, 40（32）：91-92.
[2] 刘维秦. 中小型企业管理中选人用人问题分析[J]. 技术与创新管理, 2019, 40（6）：715-720.
[3] 韦景瀚. 浅谈企业如何建立完善选人用人制度机制[J]. 广西电业, 2017,（9）：31-33.
[4] 周申贵. 企业选人的逻辑[J]. 区域治理, 2019,（20）：24-26.
[5] 高之良. 选人用人是民营企业的两难问题[J]. 中国质量万里行, 2018,（11）：68.
[6] 冯春艳. 论人力资源管理中的选用育留[J]. 人力资源管理, 2015,（7）：65-66.
[7] 侯小春. 企业人才培养制度的完善研究[J]. 中外企业家, 2020,（10）：110.
[8] 王有寰. 基于企业内训培养人才的探索与实践[J]. 中国有色金属, 2018,（21）：64-65.
[9] 余志. 人才梯队建设在企业人才培养中的实施策略[J]. 企业改革与管理, 2019,（22）：77-78.
[10] 刘磊. 论企业如何发挥人力资源管理的作用培养人才[J]. 科技创新与应用, 2016,（13）：285.
[11] 黄聃. 企业文化建设与人才培养[J]. 铁路采购与物流, 2015, 10（7）：55-57.
[12] 王建春. 企业人才培养的探讨[J]. 东方企业文化, 2013,（2）：77.
[13] 田宝春, 张捷. 社会企业与学校协同培养人才的模式研究——以现代学徒制为例[J]. 内蒙古科技与经济, 2019,（14）：27.
[14] 强敏, 狄成杰. 产教融合创新人才培养模式研究——以高校与连锁企业合作培养人才为例[J]. 重庆科技学院学报（社会科学版）, 2019,（3）：97-99.
[15] 吴玉厚. 高校与行业企业、科研院所联合培养人才的基础和模式[J]. 现代教育管理, 2013,（12）：21-23.
[16] 南京晶. 论企业人力资源管理的用人与留人策略[J]. 中国市场, 2019,（17）：180-181.
[17] 吕亚宁. 简述企业用人存在问题及针对性指导[J]. 现代国企研究, 2018,（10）：36.
[18] 尹剑峰, 陈发裕. 企业用人七大乱象[J]. 企业管理, 2018,（4）：51-53.
[19] 赵丽. 优化民营企业用人机制的路径思考[J]. 湖南人文科技学院学报, 2017, 34（4）：61-65.
[20] 黄清林. 企业管理之道四：用人扬长避短，激发员工潜能[J]. 商品混凝土, 2020,（3）：15-16.
[21] 郭佳音. 科学构建现代企业用人机制[J]. 企业文明, 2017,（11）：78.
[22] 李程鹏. 我国中小企业人才流失的原因及对策分析[J]. 人才资源开发, 2020,（13）：79-80.
[23] 陈晖. 中小企业人才流失问题及对策分析[J]. 企业改革与管理, 2020,（10）：83-84.
[24] 王萌. 中小企业人才流失的原因分析及对策探讨[J]. 现代营销（下旬刊）, 2019,（12）：192-193.

[25] 张干英. 民营企业人才流动与流失现状的成因及对策分析[J]. 企业改革与管理, 2019, (22): 61-62.

[26] 周士红. 留人先留心——浅谈民营施工企业人才短缺的原因及对策[J]. 建筑, 2018, (13): 38-39.

[27] 武国良. 浅论企业留人策略[J]. 人才资源开发, 2014, (24): 75.

[28] 曾嘉懿. 企业管理者如何"拴心"留人[J]. 中国领导科学, 2016, (12): 34-35.

[29] 项容. 小微企业留人难的原因及对策分析[J]. 当代经济, 2016, (10): 99-101.

[30] 纪立新. 如何留人——企业薪酬与福利设计[J]. 四川建材, 2015, 41(1): 216-217.

[31] 刘建利. 企业留人方式创新[J]. 现代管理科学, 2014, (7): 100-102.

[32] 叶亚南. 浅谈新经济时代国内民营企业人才流失问题对策研究[J]. 商业经济, 2020, (2): 76-77, 84.

[33] 陈云尚. 促进民营企业高质量发展的策略[J]. 中外企业家, 2020, (7): 83.

[34] 顾华详. 民营企业改革发展的政策环境优化论[J]. 统一战线学研究, 2020, 4(2): 72-85.

[35] 于潇宇, 陈硕. 全球数字经济发展的现状、经验及对我国的启示[J]. 现代管理科学, 2018, (12): 12-14.

[36] 吴晓怡, 张雅静. 中国数字经济发展现状及国际竞争力[J]. 科研管理, 2020, 41(5): 250-258.

[37] 郭霖. 中美数字经济产业比较[J]. 现代经济信息, 2019 (7): 399.

[38] 刘金旺, 王娟. 山东省数字经济与实体经济融合发展浅析[J]. 山东工业技术, 2020, (2): 3-8.

[39] 董浩, 韩文泉. 山东省数字经济与实体经济融合发展研究[J]. 山东纺织经济, 2019, (3): 5-7.

[40] 张秀玉. 数字经济时代人力资源管理转型[J]. 知识经济, 2019, (19): 104-105.

[41] 田圣海. 人力资源数字化革命[J]. 互联网经济, 2018, (6): 84-89.

[42] 周文辉, 杨苗. 韩都衣舍: 从淘品牌到生态赋能者[J]. 商业评论, 2019, (10): 60-66.

[43] 方阳春, 许娟. 人力资源数字化转型的实践与探索——以新安化工集团为例[J]. 杭州(周刊), 2019, (31): 44-45.

附　　录

山东省民营企业引才用才问题研究及对策建议调查问卷

填写说明：

（1）该调查问卷主要是为《山东省民营企业引才用才问题研究及对策建议》研究报告收集数据。

（2）该调查问卷为不记名问卷，填写人的回答仅供研究使用，不做他用。请根据本企业的实际情况，以及您对相关工作的思考，如实填写问卷。

（3）本调查问卷中所指人才，特指包括经营人才、管理人才、技术人才和技能人才。经营人才指企业的单位负责人和部门负责人；管理人才是具有广博知识和社会经验的人才，是深刻了解人的行为及其人际关系的人才，是具有很强组织能力和交际能力的人才，他们不但了解为什么做，而且能把握行为变换，调动一切积极性去完成为什么做的目标。技术人才是指掌握和应用技术手段为社会谋取直接利益的人才，由于技术人才的任务是为社会谋取直接利益，他们常处于工作现场或生产一线工作。技能人才是在生产技能岗位工作，具有高级工及以上技能等级或具有专业技术资格的人员。

1. 性别：
□男　　　　　　　　　□女
2. 年龄：
□30 岁以下　　　　　　□30~39 岁
□40~49 岁　　　　　　□50 岁及以上
3. 学历：
□高中（中专）以下　　□高中（中专）　　　　□专科

□本科　　　　　　　□硕士研究生　　　　　□博士研究生

4. 您在现企业的工作年限：

□2 年以下　　　　　□2~5 年

□5~8 年　　　　　　□8 年及以上

5. 您所在企业的性质：

□国有企业　　　　　□民营企业

□外资企业　　　　　□中外合资企业

6. 您所在企业的年销售收入：

□3 000 万元以下　　□3 000 万~6 000 万元　　□6 000 万~1 亿元

□1 亿~5 亿元　　　 □5 亿~10 亿元　　　　　　□10 亿~50 亿元

□50 亿~100 亿元　　□100 亿元及以上

7. 您的职位类别：

□董事　　　　　　　□监事　　　　　　　　　□总监

□经理　　　　　　　□主管　　　　　　　　　□普通职工

8. 您所在企业员工的学历大多是：

□大专及以下　　　　□大学本科　　　　　　　□硕士研究生及以上

9. 您所在企业有以下哪些人才问题（多选）：

□人才缺乏　　　　　□引进人才难

□人才流动性大　　　□其他

10. 您所在企业引进人才的方式（多选）：

□招聘会　　　　　　□职业中介或猎头公司

□内部推荐　　　　　□主动求职者　　　　　　□其他

11. 您所在企业在引进人才时，更加注重人才的哪些方面（多选）：

□学历　　　　　　　　　□工作能力及经验

□团队意识及合作能力　　□创新及学习能力　　　□工作稳定性

12. 您所在企业是否可以根据自己的需要引进人才：

□所有的职位都可以引进合适的人才

□大部分职位可以引进合适的人才

□只有小部分职位可以引进合适的人才

□完全找不到合适的人才

□会考虑因人设岗

13. 您认为民营企业在引进人才时面临的问题有哪些（多选）：

□高层次人才不足，难以引进

□人才自身素质较差，难以满足需要或难以适应企业环境

□企业自身吸引力不够

□政策创业环境吸引力不够

□其他

14. 您认为民营企业人才缺乏的原因有哪些（多选）：

□没有好的企业愿景

□企业难以提供高薪酬、高福利

□企业在员工培训方面的意识不够

□企业人才培养投入不足、赋能机制匮乏

□其他

15. 您所在企业留住人才的方式有（多选）：

□工资待遇　　　　　　□住房待遇　　　　　　□工作环境

□发展机会　　　　　　□福利

16. 您所在单位对人才规划的重视程度：

□完全不重视　　　　　□不太重视　　　　　　□一般

□比较重视　　　　　　□非常重视

17. 您所在企业人才开发的形式有哪些（多选）：

□带教式在岗培训　　　□集中的短期培训　　　□在职进修

□轮岗交流　　　　　　□长期的脱产教育　　　□挂职锻炼

□职业资格认证　　　　□自我学习

18. 您所在企业是如何进行人才选拔配置的（多选）：

□内部竞争

□外部招聘，包括市场化引进和猎头推荐等

□组织配置，包括委任、直接聘任和选任

19. 您认为影响企业人才队伍稳定和发挥作用的原因有哪些（多选）：

□企业缺少人才发挥作用的平台　□企业内部缺少公平竞争的环境

□企业工资待遇低　　　　　　　□企业内部缺乏相应的激励机制

□单位领导不重视　　　　　　　□社会体系不完善　　　□其他

20. 政府出台的人才政策对于企业引进人才是否有帮助：

□是　　　　　　　　　□否

21. 您认为政府部门在加强人才队伍建设方面应该做些什么（多选）：

□指导产业聚集、引导企业发展

□创优政策环境、吸引人才流动

□加强人才培养、提高人才素质

□维护市场秩序、维持公平竞争

22. 您觉得民营企业引才用才方面有什么问题，您有什么建议？

后　　记

本书的出版得到山东省社会科学规划研究项目人才发展专项"山东省民营企业引才用才问题研究及对策建议"（19CRCJ03）的资助，谨此致谢！

"独柯不成材，独木不成林"。感谢我的博士后合作导师——北京大学光华管理学院曹凤岐教授，以及博士指导教师山东大学徐向艺教授。有幸成为两位老师的弟子，亲身感受到其宽容温润和纯真敦颐的品格，体会到"经世济民"和"道德文章"的力量，更让我领悟了"学高为师、身正为范"的真谛。薪火相传，师恩永记。

山东财经大学校长赵忠秀，山东省人民政府国有资产监督管理委员会张志波博士，山东省人民政府参事李旭茂博士，威海市商业银行董事长谭先国、行长孟东晓等领导，山东黄金集团有限公司董事长满慎刚，山东人才发展集团有限公司董事长王卫中、总经理张祝秀，山东国惠投资有限公司原董事长于少明，山东重工集团有限公司总经理江奎，山东银丰投资集团有限公司董事长王伟，山东省工商业联合会副主席翟世兰，金现代信息产业股份有限公司董事长黎峰，永锋集团有限公司总经理王谦，德华安顾人寿保险有限公司董事长史峰磊，山东大学第二医院党委书记柳丽华博士，山东土地发展集团有限公司董事王宏伟，山东发展投资控股集团有限公司董事赵辉、王智永、孙凯，山东省农业发展信贷担保有限公司副总经理陈留彬博士，山东文旅酒店管理集团有限公司总经理周立刚，中共山东省委办公厅处长李占强，山东省人民政府办公厅处长刘太广、李健，中共山东省委组织部处长刘炳宏，北京银行股份有限公司济南分行行长房旭、行长助理苗振华，德州银行副行长镡方东，山东省企业联合会秘书长周磊，山东省工业经济联合会秘书长张祥，山东省企业家协会王文波，中泰证券股份有限公司张程，山东齐鲁壹点传媒有限公司副董事长吕冰，以及烟草行业众多领导和好友（由于篇幅所限，不再一一列出）等在本书写作过程中及平日的工作中一直给予我热情的鼓励、真挚的关心和无私的帮助，在此表示衷心的感谢！

清泉洌洌，可以灈人面；夜雨蒙蒙，可以润人心。各位师长和好友对我的教诲、影响将受用毕生！

感谢山东财经大学弭杰、王茂凯等在调研、访谈及本书资料收集过程中所付出的大量辛苦劳动！感谢山东财经大学领导和同事的关心、支持和帮助！

经济管理理论离不开实践的沃土。感谢华为、利欧集团、海底捞、步步高、韩都衣舍、新安化工等企业的人力资源管理成功实践，以及学界同仁的相关研究！这为本书提供了大量案例素材。

本书在出版过程中，得到了科学出版社的大力支持及马跃同志的热情帮助，在此一并表示感谢！

由于本书涉及面较广，更主要的是受学识所限，书中难免存在不足之处，恳请学界同仁及广大读者批评指正。

李 鑫

2022 年 2 月